포스트모던의 조건

「포스트모던의 조건
La condition
postmoderne」

「장프랑수아 리오타르
Jean-François
Lyotard」

「유정완 옮김」

민음사

개역판 서문

1979년에 출간된 『포스트모던의 조건』 초판 번역(1992년)은 당시 혼란스럽던 국내 지식 지형 속에서 리오타르를 소개하기 위해 출판되었다. 한편으로 급격한 변화 속에서 새로운 민주 사회 건설을 지향하던 좌편향적인 학계 일부의 무지와 불안이, 다른 한편으로는 새로운 서양 사조라면 쌍수를 들고 환영하던 우리 인문학계 일부의 오랜 관성이 대립하고 있던 시기였다. '포스트모더니즘 대책반'을 구성하자는 제안이 있거나 한국은 원래부터 포스트모던했다는 주장이 공공연할 만큼 혼란스러웠던 당시 국내 인문학계 상황에서 포스트모더니즘 이론의 조기 소개와 안내의 필요성이 급속히 대두되었다. 미셸 푸코, 자크 데리다, 장 보드리야르, 프레드릭 제임슨과 더불어 포스트모더니즘 이론의 5대 원조 중 한 명으로 불리던 리오타르는 당시 서양 인문학 전반의 변화와 급격한 과학 기술 발전으로 인한 서양 지식 지형의 혁명적 변화를 '지식에 관한 보고서' 형식으로 제시했으므로 당시의 소개는 나름대로 의의가 없지 않았다.

초판 번역이 소개에 방점을 둔 서툰 번역이었다면, 이번 개역판은 리오타르의 저술이 갖는 학문적 엄격성과 자료로서의 가치를 더 중시한 번역이다. 특히 '사회의 컴퓨터화'로 인한 서양 지식의 지위에 관한 이 보고서가 거대 서사로 점철된 그러나 이제는 변화의 필요성이 강하게 요구되는 한반도 지성사에도 여전히 시사하는 바가 크다. 우리 사회는 오랜 냉전의 구각과 '87년 체제'로부터의 탈피를 모색하고 있으며, 알파고와 '4차 산업혁명'의 물결, 기후의 역습이나 환경의 위기, 노령화와 저출산을 포함한 인구 문제 등이 초래하는 지구적 문명 대전환의 시기를 경험하고 있다. 한편으로 본질주의와 극단주의 담론이 횡행하고, 다른 한편으로 파편화와 다양성의 담론이 만개하는 오늘의 우리 사회에 '거대 서사에 대한 회의'와 다양성과 '배리'의 게임 이론을 주장하는 『포스트모던의 조건』은 여전히 뚜렷한 시사를 준다.

초역이 우리 지식 공동체에 대한 나침반 또는 해도의 역할을 감히 염두에 두었다면, 이번 개역판은 변화의 폭풍 한가운데에 있는 우리에게 회고와 천착과 성찰의 기회를 충분히 제공할 수 있을 것이다. 1979년에 나온 서양 지식 지형에 관한 이 보고서는 40여 년이 지난 오늘 우리 사회의 구체적 이슈들과도 긴밀한 연관이 있다. 대학의 위기와 탈도덕화, 권력의 탈정당화와 사회의 수행성 증가, 낡은 권위의 해체와 새로운 형태의 주체 형성, 그리고 그로 인한 중심 가치의 변화 또는 와해와 재정립의 필요성을 이 보고서는 이미 예견하고 있을 뿐 아니라 개방화, 다양화, 숙의민주주의 경향을 보이는 최근 우리 사회의 진화 방향을 미리 확인해 주는 듯한 선견의 측면도 있다.

초역 소개 이후 역자의 공부도 이와 같은 지형 변화와 궤적이 닿아 있다. 주로 거대 사회 문화 이론에 취해 영문 '해적판'으로 이 책을 처음 접한 역자도 당시 여느 학생들처럼 베를린 장벽의 붕괴로 인한 영혼의 혼란으로부터 자유로울 수 없었다. 그 혼란의 시기를 거치면서 역자는 이론과 이념을 중심으로 공부하던 병아리 학도의 입장에서 벗어나게 되었고 이제는 짐짓 조심하고 신중해야 할, 그리고 때로는 회색지대에 똬리를 틀고자 하는 욕망 덩어리를 품고 살아가는 이른바 '선생'이 되어 있다. 공부의 방식과 영역도 당연히 크게 바뀌었다. 본래 주 전공인 영문학, 특히 오늘 우리 삶에 큰 그림자를 드리우고 있는 현대 미국의 문학과 문화를 본격적으로 공부하는 입장이 되면서 자연스럽게 '포스트모더니즘'에서 포스트모더니즘 '문학'과 '문화'로 관심을 이동해 왔다. 이번에 새로 번역본을 내면서 역자는 거시적으로나 미시적으로 다시 공부의 좌표를 세우는 계기로 삼고자 한다.

과거와 현재의 이 모든 문맥은 초역과 개역의 판본과 포맷에도 반영되어 있다. 초역은 포스트모던의 조건에 관한 리오타르의 단행본만이 아니라 예술과 철학에 관한 리오타르의 다른 대표 글들, 그리고 영문판(1984년)에 첨가되어 있던 프레드릭 제임슨의 서문과 포스트모더니즘 정의에 관한 리오타르 본인의 짧은 글도 포함하

8

고 있었다. 이 글들은 이번 판본에서 제외되었다. 이는 복잡한 저작권 문제 외에도 앞서 말한 바와 같이 리오타르의 단행본을 프랑스어판 원본 그대로의 의의를 살려 하나의 단행본으로 제시함으로써 리오타르의 지식 지형 변화에 관한 이 보고서를 우리 사회의 과거와 현재와 미래를 비교해 보기 위한 학문적, 자료적 성격을 살려 다소 건조하게 다시 내놓고자 했기 때문이다.

초역 당시 낯설게 느껴지던 몇 가지 용어와 문투 일부는 프랑스어판 원문 용어의 의미를 가급적 살리면서도 오늘의 우리 언어 습관에 맞게 고치려고 최대한 노력했다. 어떤 점에서 이번 개역판은 프랑스어판, 영문판, 한국어 초역의 종합 버전이라고 할 수 있다. 그러나 무엇보다도 많은 오역과 불분명한 번역을 완전히 고쳐서 새로 번역한다는 마음으로 가독성을 한층 높이는 데 주안점을 둔 것에 이번 개역판의 가장 큰 소개 의의가 있다. 몇 군데 명백한 오역을 포함하여 명료하지 못한 텍스트를 성급히 제시하여 그동안 독자의 이해에 혼란을 드린 점이 있다면 이 기회를 빌려서 사죄드린다. 하버마스적 투명성과 명료한 이해의 강조가 오히려 (원천적으로 불가능한) 소통의 유토피아를 지향함으로써 파시즘의 경향을 띨 수도 있다는 리오타르의 차이와 배리와 불일치의 강조가 초역이 초래한 소음과 불편을 정당화하지는 못한다. 개역판도 여전히 문제가 없을 수는 없겠지만, 앞으로의 공부를 통해 이 또한 사죄하려 한다.

끝으로 역자에게 인문 정신을 심어 주신 도정일 선생님과 공부의 큰 기회를 주신 민음사, 특히 지저분한 원고를 깔끔하게 정리해 주신 남선영 선생님께 무한한 감사를 드린다.

2018년 8월

옮긴이

옮긴이 서문

포스트모더니즘에 대한 국내 논의가 촉발된 이후 몇 해가 지난 지금에도 국내 독자들 다수는 "포스트모더니즘이란 도대체 무엇인가?"라는 물음 앞에서 갈증을 느끼고 있다. 이 갈증은 포스트모더니즘이라는 것에 대한 단순한 대중적 호기심이나 학문적 궁금증 수준에서 나오는 것일 수도 있지만 그보다는 근대적 가치와 이념의 급격한 붕괴를 경험하고 있는 이 시대의 지적 불안과 더 깊이 관계되는 것으로 보인다. 21세기를 목전에 둔 현 시점의 세계는 분명 2차 세계 대전 직후까지의 세계(주로 '서양 사회'를 의미하는 것이지만)를 규정하던 근대적 특성들과는 많은 점에서 구별되는 현실적 변화들을 보이고 있는 반면, 이 변화를 적절히 기술, 분석, 설명할 매력 있는 방법적 이론적 도구나 가치 지표는 아직도 제시되고 있지 않다. 우리 사회가 포스트모더니즘에 갖는 '관심'은 이 같은 탈근대적 변화에 대한 대응 또는 적응의 필요성을 인식하는 데서 발생하고, '갈증'은 그 관심의 충족이 지연되고 있는 데 연유한다.

관심의 크기에 비해 그 관심의 충족을 지연시키고 있는 국내 사정 또한 복잡하고 다층적이다. 이 자리에서 우리는 그 다층적 사연들을 일일이 열거할 수 없지만, 그중 가장 현저한 사정을 꼽으라면 우리 자신의 지적 문화의 빈곤과 지식인 사회의 미성숙을 들 수 있다. 서양의 포스트모더니즘은 하루아침에 대두한 논의 방식이 아니라 꽤 오랜 토론 과정과 지적 전사(前史)를 갖고 있고, 프랑크푸르트학파의 근대적 도구 이성 비판에서부터 데리다의 해체론에까지 이르는 일련의 중요한 선행 논의들을 거치면서 형성된 것이다. 그런데 우리의 지적 문화는 지난 30년 혹은 50년간 서양 지식인들 사이에서 진행되어 온 이 같은 토론의 내용에 생경할 뿐 아니라 그 토론에서 생산된 주요 문헌들도 거의 번역, 소개하지 못했다. 그 결과 우리는 무엇보다도 '탈근대'를 의미하는 '포스트모던'을 얘기하면서도 '근대' 자체를 제대로 이해하지 못하고 있을 뿐 아니라 지난 반세기에 걸쳐 서양에서 진행된 근대 비판의 내용조차 파악하고 있지 못하다. 이런 사정은 우리 자신이 근대를 제대로 경험하지도 성취하지도 못했다는 사실과 더불어, 포스트모더니즘의 국내 논의와 이해 수준을 특수한 빈곤 상태에 묶어 두게 한 가장 큰 요인이 되고 있다. 옮긴이가 리오타르의 책을 번역하게 된 동기의 일단은 이러한 빈곤의 사정을 부분적으로나마 돌파해 보자는 데 있다.

리오타르의 『포스트모던의 조건』은 포스트모더니즘의 철학, 세계관, 가치, 사회 이론의 핵심 관심 사항이 무엇이며 어디에 있는가를 가장 잘 보여 주는 문헌 중 하나이다. 포스트모더니즘에 대해서는 여러 논자들이 여러 의견을 내놓을 수 있겠지만 그 어떤 의견도 포스트모더니즘을 포스트모더니즘이게 하는 철학적 방법론적 특성을 고려하지 않는 한 적절한 의견이 되지 못한다. 리오타르는 포스트모더니즘이 "근대적 거대 서사에 대한 회의"에서 출발한다고 말함으로써 포스트모더니즘의 발생론적 동기를 가장 잘 요약하는 한편, 철학, 예술, 역사, 사회론에서의 '포스트모더니즘적' 태도와 방법론의 특성이 어디에 있는가를 잘 기술하고 있다. 『포스트모던의 조건』의 텍스트로는 조프 베닝턴의 매우 정확한 영역본을 주로 사용했다.

옮긴이는 리오타르 등이 제시하는 포스트모더니즘의 철학, 사회론, 예술론과 그 방법적 제안들이 반드시 우리에게 무비판적으로 수용되어야 한다고는 생각지 않으며 새로운 세계를 위한 대안 가치들이 포스트모더니즘에서 전면적으로 제시되고 있다고도 생각하지 않는다. 포스트모더니즘은 새로운 세계를 위한 모색의 하나이고 근대 비판의 한 갈래이며 변화하고 있는 세계에 대한 기술과 분석의 한 종류에 지나지 않는다. 그러나 중요한 것은 이런 모색의 내용을 우리가 검토하고 토론해 보아야 한다는 것이다. 이것이 이 번역서를 내놓게 된 옮긴이의 구실이자 목적이다. 옮긴이의 관심은 포스트모더니즘의 상업적 유통에 있지 않다. 포스트모더니즘의 제안들을 검토하기 위해서는 우선 그 핵심적 일차 문헌들이 소개되어야 하고 그래야만 비판과 토론 자체가 한층 엄밀하게 또 활발하게 진행될 수 있다고 믿는다. 이 책은 옮긴이와 함께 그런 믿음을 공유하는 분들에게 가장 유용하고 생산적인 자료가 될 수 있을 것이다. 그러나 천학에다 비재까지 구비한 옮긴이의 이 미숙한 번역이 그분들의 기대를 얼마나 만족시킬 수 있을까 두려울 뿐이다.

1992년 12월

옮긴이

옮긴이 서문

차례

서론

이 저술의 연구 대상은 가장 고도로 발전한 사회에서의 지식의 조건이다. 나는 이 조건을 기술하기 위해 포스트 모던(postmoderne)이라는 용어를 쓰기로 했다. 이 용어는 현재 미국의 사회학자와 비평가들 사이에서 통용되고 있다. 이 단어는 19세기 말 이래 과학, 문학, 예술 분야의 게임 규칙들을 바꾸어 놓은 여러 변화들과, 그 변화에 따른 현대 서양의 문화 상태를 지칭한다. 본 연구는 이 같은 변화들을 서사의 위기라는 문맥 속에 위치시킬 것이다.

과학은 언제나 서사와 갈등 관계 속에 있어 왔다. 과학의 잣대를 들이대면 대부분의 서사는 우화로 판명된다. 그러나 유용한 규정들의 진술에만 스스로를 한정시키지 않고 진리를 추구하는 한, 과학은 스스로의 게임 규칙들을 정당화해야만 한다. 그래서 과학은 스스로의 지위에 관한 정당화의 담론, 즉 철학이라는 담론을 생산한다. 나는 이런 종류의 메타 담론(métadiscours)에 근거해 스스로를 정당화하고, 모종의 거대 서사(grand récit)에 공공연히 호소하는 모든 과학을 지칭하기 위해 '근대적(moderne)'이라는 용어를 쓰겠다. 거대 서사에는 정신의 변증법, 의미의 해석학, 합리적 주체 혹은 노동 주체의 해방, 또는 부의 창조 등이 있다. 예를 들어, 진리치를 갖는 어떤 진술의 발신자와 수신자 간의 합의(consensus)라는 규칙은 합리적 정신들 사이에 만장일치가 가능하다는 조건 속에서만 받아들일 수 있는 것으로 간주된다. 이것이 계몽 서사이다. 계몽 서사에서 지식의 주인공은 보편적 평화라는 선의의 윤리-정치적 목적을 지향한다. 이 예에서 볼 수 있듯이 만약 역사철학을 함축하는 하나의 메타 서사가 지식을 정당화하기 위해 사용될 경우, 사회적 유대를 지배하는 사회 제도들의 타당성에 관한 질문이 제기되고 그 제도들이 동시에 정당화되어야 한다. 그렇게 되면 진리와 마찬가지로 정의(正

義) 역시 거대 서사의 영역에 맡겨진다.

아주 단순화해서 표현하면, 나는 '포스트모던(post-moderne)'을 거대 서사에 대한 회의(懷疑)라고 정의한다. 이 회의는 의심할 여지없이 여러 과학 진보의 산물이다. 그러나 과학의 진보 또한 회의를 전제한다. 메타 서사라는 정당화 장치의 퇴화에 가장 두드러지게 상응하는 것은 형이상학과 과거 그에 의존했던 대학 제도의 위기이다. 서사 기능은 이제 그것의 기능소와 위대한 영웅, 그리고 그것의 큰 위험 요소들과 장엄한 항해, 위대한 목적 등을 상실해 가고 있다. 그것은 서사적 언어 요소들의 구름, 즉 서사적이며 동시에 지시적이고 규범적이며 기술적인 언어 요소들의 구름 속으로 흩어져 나가고 있다. 각각의 구름 속에는 그 종류의 구름에만 고유한 화용적 결합가들(valences pragmatiques)이 실려 있다. 우리들 각자는 이 결합가들의 교차점에 살고 있다. 하지만 우리가 반드시 안정된 언어 조합들을 성립시키는 것은 아니며 우리가 성립시키는 조합들의 속성이 반드시 소통 가능한 것도 아니다.

그러므로 미래 사회는 구조주의나 체계 이론과 같

은 뉴턴적 인간학의 영역에 들어맞는 사회라기보다는 언어 입자들의 화용법에 더 잘 들어맞는 세계이다. 거기에는 서로 다른 여러 가지 언어 게임들, 다시 말하면 언어 요소들의 이질성이 있다. 그것들은 이런저런 요소들을 혼합한 제도들과 국지적 결정만 탄생시킬 뿐이다.

그러나 정책 결정자들은 이 개별 요소들이 계측 가능하고 전체가 판단 가능하다고 전제하는 논리를 빌려와, 투입-산출 모태에 따라 이 구름들을 관리하려고 애쓴다. 그들은 우리의 삶을 권력 성장에 맞추어 할당한다. 사회 정의나 과학적 진리의 경우에 있어서 이 권력의 정당화는 체제의 수행성을 최대화하는 효율성에 근거한다. 우리 삶의 모든 게임에 이 기준을 적용하면 부드러운 것이든 강한 것이든 간에 어떤 수준의 테러가 반드시 동반된다. 그 기준은 조작 가능하게 (다시 말해 계측 가능하게) 되든가 아니면 사라질 것을 강요하기 때문이다.

수행력 최대화의 논리는 의심할 여지 없이 여러 면에서 비일관성을 드러내는데, 특히 사회 경제 분야의 모순과 관련지어 보면 더욱 그렇다. 그것은 (생산 원가를 낮추기 위해) 더 적은 노동을 요구하면서도, 동시에 (태만한 다수로 인한 사회의 부담을 줄이기 위해) 더 많은 노동을 요구한다. 그러나 그런 논리에 대한 우리의 불신은 이미 너무 깊어서 더 이상 우리는 마르크스처럼 이러한 모순으로부터 구원이 오리라고 기대하지 않는다.

그럼에도 포스트모던의 조건은 탈정당화의 필요성을 맹목적으로 긍정하는 사람들에게뿐 아니라 거대 서사에 매력을 잃은 사람들에게도 아직은 낯선 것이다. 거대 서사들이 사라지고 난 뒤에 정당성은 어디에 자리 잡을 것인가? 그것의 작동 기준은 기술적인 것이다. 무엇이 진리이고 정의인지를 판단하는 일과는 아무 관계도 없다. 정당성이 하버마스가 생각하는 것처럼 토론을 통해 얻어진 합의 속에서 발견될 수 있을까? 그런 합의는 언어 게임의 이질성에 위배될 뿐이다. 게다가 새로운 발명은 언제나 불일치로부터 탄생한다. 포스트모던의 지식은 그저 단순히 당국자들의 도구만은 아니다. 그것은 차이에 대한 우리들의 감각을 세련해 주고 통약 불가능한 것에 대한 관용을 강화해 준다. 그것의 원리는 전문가의 상동성이 아니라 발명가의 배리(背理,

paralogie)이다.

여기에서 이런 질문이 제기된다. 사회적 유대에 대한 정당화, 혹은 정당한 사회라는 것이 과학 활동의 경우와 유사한 역설의 관점에서 가능할 것인가? 그 역설은 어떤 것일까?

나는 이 책을 우연한 기회에 쓰게 되었다. 이 책은 가장 고도로 발전한 사회에서의 지식에 관한 보고서이며, 퀘벡 정부 대학협의회 회장의 요청에 따라 그 위원회에 제출됐던 것이다. 출판을 허락해 준 협의회 회장의 친절에 감사한다.

이 보고서의 저자는 전문가가 아니라 철학자라는 사실을 덧붙이고자 한다. 전문가는 자기가 아는 것과 모르는 것이 무엇인지 잘 안다. 그러나 철학자는 그렇지 못하다. 전문가는 결론짓고 철학자는 질문을 제기한다. 그 둘은 아주 다른 언어 게임이다. 이 책에서 나는 이 둘을 결합했지만 결과는 어느 쪽도 크게 성공적이지 못하다.

철학자로서 저자는 철학적, 윤리-정치적 정당화 담

론들에 대한 이 보고서의 형식적, 화용론적 분석이 조만간 빛을 볼 날이 오리라는 생각을 최소한의 위안으로 삼고자 한다. 다소 사회적 측면을 갖는 이 보고서가 간결하지만 동시에 현재의 상황 속에 위치 짓는다는 측면에서 이 같은 분석을 도입하는 데 기여할 것이다.

변변치 못하지만 나는 이 보고서를 파리 제8대학 (뱅센)의 철학이공연구소에 바친다. 대학의 종말이 가까울 수도 있지만 연구소는 이제 막 시작하는 시점일 수도 있는 바로 이 포스트모던의 순간에.

1 연구 범위 — 컴퓨터 사회의 지식

우리의 작업 가설은 사회가 후기 산업 시대라고 알려
진 단계로 접어들고, 문화가 포스트모던 시대라고 알려
진 단계로 접어들면서 지식의 지위가 바뀌었다는 것이
다.[1] 이 같은 변화는 적어도 1950년대 말 이래로 진행되
어 왔다. 유럽의 경우 이 시대는 전후 복구가 완성되는

---

1 Alain Touraine, *La société postindustrielle*(Paris: Denoël, 1969)(Eng.
trans., Leonard Mayhew, *The Post-Industrial Society*(London: Wildwood
House, 1974)); Daniel Bell, *The Coming of Post-Industrial Society*(New
York: Basic Books, 1973); Ihab Hassan, *The Dismemberment of Orpheus:
Toward a Post Modern Literatur*(New York: Oxford University Press, 1971);
Michel Benamou and Charles Caramello, eds., *Performance in Postmodern
Culture*(Wisconsin: Center for Twentieth Century Studies & Coda Press,
1977); M. Köhler, "Postmodernismus: Ein begriffgeschichtlicher überblick",
Amerikastudien 22, 1(1977).

시기이다. 나라에 따라 그 변화의 속도가 빠르거나 느릴
수 있고 한 나라 안에서도 활동 영역에 따라 속도가 다
를 수 있다. 전반적 상황은 전체 윤곽을 그리기 어려운
시간적 차이를 보여 준다.[2] 부분적인 묘사는 필경 추측
에 그치고 말 것이다. 어쨌거나 미래학에 지나친 확신을
갖는 것은 현명하지 못하다.[3]

어차피 불완전한 그림으로 남을 수밖에 없는 그림
을 그리느니 나는 차라리 하나의 특성, 곧바로 우리의
연구 대상을 정의해 주는 그런 하나의 특성을 출발점으
로 삼겠다. 과학 지식은 일종의 담론이다. 또 지난 40년
동안 여러 가지 '주도적' 과학과 기술이 언어와 관련을
맺어 왔다고 보는 것이 공정하다. 음성학과 언어학 이
론,[4] 통신과 인공두뇌학의 문제,[5] 현대 대수학 이론과 정

---

2 이에 대한 기존의 고전적 문학 표현은 Michel Butor, *Mobile: Etude pour une représentation des États-Unis*(Paris: Gallimard, 1962)에 제시되어 있다.

3 Jib Fowles, ed., *Handbook of Futures Research*(Westport, Conn.: Greenwood Press, 1978).

4 Nikolai S. Trubetskoi, *Grundzüge der Phonologie*(Prague: Travaux du cercle linguistique de Prague, vol. 7, 1939)(Eng. trans., Christiane Baltaxe, *Principles of Phonology*(Berkeley: University of California Press, 1969)).

5 Norbert Wiener, *Cybernetics and Society: The Human Use of Human*

보과학,[6] 컴퓨터와 컴퓨터 언어,[7] 번역 문제와 컴퓨터 언어들 간의 호환성에 관한 여러 분야의 연구,[8] 정보 저장 문제와 데이터 뱅크,[9] 텔레마티크(통신과 컴퓨터를 결합한 정보 서비스 시스템—옮긴이 주)와 지능 단말기의 완성,[10] 역설 이론(paradoxologie)[11] 등을 보라. 사실이 증명해 주

Beings(Boston: Houghton Mifflin, 1949); William Ross Ashby, *An Introduction to Cybernetics*(London: Chapman and Hall, 1956).

6 Johanne von Neumann(1903~1957)의 저작을 보라.

7 S. Bellert, "La formalisation des systèmes cybernétiques", *Le Concept d'information dans la science contemporaine*(Paris: Minuit, 1965).

8 Georges Mounin, *Les problèmes théoriques de la traduction*(Paris: Gallimard, 1963). 컴퓨터 혁명은 IBM 360의 새 세대와 함께 1965년에 시작되었다. R. Moch, "Le tournant informatique", *Documents contributifs*, annexe IV, *L'informatisation de la société*(Paris: La Documentation française, 1978); R. M. Ashby, "La seconde génération de la micro-électronique", *La Recherche* 2(June 1970), 127ff.

9 C. L. Gaudfernan and A. Taïb, "Glossaire", P. Nora and A. Minc, *L'informatisation de la société*(Paris: La Documentation française, 1978); R. Béca, "Les banques de données", *Nouvelle informatique et nouvelle croissance* Annex 1, *L'informatisation de la société*.

10 L. Joyeux, "Les applications avancées de l'informatique", *Documents contributifs*. 국제자원발전회의 보고서에 따르면 가정 단말기(통합 비디오 단말기)는 1984년 이전에 상업화될 것이며 가격은 약 1400달러가 될 것이라고 한다. *The Home Terminal*(Conn.: I. R. D. Press, 1979).

11 Paul Watzlawick, Janet Helmick-Beavin, Don D. Jackson, *Pragmatics of Human Communication: A Study of Interactional Patterns, Pathologies, and Paradoxes*(New York: Norton, 1967).

지 않는가. (게다가 여기 열거한 것들이 전부도 아니다.)

이 같은 기술의 변화는 지식에 대해 상당한 영향을 미칠 것이다. 연구와 습득된 지식의 전수라는 지식의 두 가지 주요 기능이 이미 그 영향을 받아 변화하고 있다는 것을 우리는 느끼고 있거나 앞으로 느끼게 될 것이다. 첫 번째 기능과 관련하여 유전학은 일반인들도 쉽게 접할 수 있는 예를 제공해 준다. 유전학은 인공두뇌학으로부터 이론적 틀을 빌려 왔다. 이외에도 여러 가지 예를 들 수 있다. 두 번째 기능과 관련해서는 기계의 소형화와 상업화가 지식이 습득, 분류, 활용, 유용되는 방식에 이미 변화를 주고 있다.[12] 인간의 유통(수송 체계)과, 그 후 일어났던 소리 및 영상 이미지(매체)의 유통에서 이룩된 발전이 지식의 유통에 영향을 미친 것처럼, 정보

---

12 기술 체계와 경제학의 분석과 전망 그룹(GAPSET)의 J. M. Treille는 다음과 같이 말했다. "저장된 정보를 확산시키는 새로운 가능성, 특히 반도체와 레이저 기술을 활용할 가능성에 관해서는 충분히 이야기되지 못했다. …… 머지않아 누구나 원하는 정보는 무엇이든지 저렴하게 저장할 수 있을 것이며 게다가 독자적으로 처리할 수도 있게 될 것이다."(*La semaine media* 16, 15 février 1979) 국립과학재단의 연구에 따르면 고등학교 학생 두 명 가운데 한 명 이상이 이미 컴퓨터 서비스를 받고 있으며, 1980년대 초반에 이르면 모든 학교들이 그렇게 될 것이다.(*La semaine media* 13, 25 janvier 1979)

처리 기계의 확산도 그에 못지않은 영향을 미치고 있으며, 앞으로도 그 영향은 계속될 것이라고 보는 게 타당하다.[13]

이 같은 전면적인 변화의 맥락에서 지식의 성격이 변하지 않은 채로 살아남을 수는 없다. 정보의 양으로 번역될 경우에만 지식은 새로운 채널에 들어맞게 되며 조작 가능해진다.[14] 우리는, 이렇게 번역될 수 없는 지

---

13 L. Brunel, *Des machines et des hommes*(Montréal: Québec Science, 1978): Jean-Louis Missika and Dominique Wolton, *Les réseaux pensants*(Librairie technique et documentaire, 1978). 퀘벡 지역과 프랑스 간의 화상 회의 활용은 일상화되고 있다. 1978년 11, 12월에 열린 제4차 화상 회의(인공위성 '심포니'가 중계했다.)는 퀘벡 및 몬트리올 지역과 파리(파리 노드 대학과 비버그 센터) 간에 이루어졌다.(*La semaine media* 5, 30 November 1978) 또 다른 예는 전자 저널리즘에서 볼 수 있다. 미국의 3대 거대 네트워크인 ABC, NBC, CBS는 세계에서 발생하는 거의 모든 사건들을 전자 처리하여 인공위성으로 미국에 전달할 정도로 세계 도처에 프로덕션 스튜디오의 숫자를 늘렸다. 모스크바 지사만 필름을 가지고 작업을 하는데, 이 필름들은 인공 통신을 통해 프랑크푸르트로 보내진다. 런던은 거대한 '포장 지점(packing point)'이 되었다.(*La semaine media* 20, 15 mars 1979)('학습'과 '지식'이란 용어에 대한 리오타르의 용법은 이 책 6장 주 1 참조—영역자 주)

14 정보 단위는 비트이다. 이 정의에 대해서는 Gaudfernan and A. Taïb, "Glossaire"를 볼 것. 이 문제는 René Thom의 "Un protée de la sémantique: l'information"(1973), *Modèles mathématiques de la morphogenèse*(Paris: Union Générale d'Édition, 1974)에 논의되어 있다. 특히 메시지를 코드로 전환하는 것은 모호성을 없애 준다. Watzlawick et al., *Pragmatics of Human*

식 구성물은 어떤 것이건 폐기될 것이며, 새로운 연구의 방향도 그 최종 결과가 컴퓨터 언어로 번역될 수 있는 가능성에 지배될 것이라고 예상할 수 있다. 이제 앞으로 지식의 '생산자'와 소비자는 발명하거나 배우고 싶은 것이 무엇이든 간에 컴퓨터 언어로 번역할 수 있는 수단을 가져야만 한다. 번역기에 대한 연구는 이미 상당히 진척되었다.[15] 컴퓨터의 주도권과 함께 하나의 특정 논리 및 그 논리에 맞춰 어느 진술이 '지식' 진술인지를 결정하는 하나의 규범 체계가 나타나게 된다.

그러므로 '인식자'와 관련시켜 보면 그(그녀)가 지식 과정의 어느 위치에 있든 간에 철저한 지식의 외화(extériorité du savoir)가 일어날 것이 예상된다. 지식의 습득이 정신 또는 개인의 교육(Bildung)과 불가분의 관계

Communication, p. 98 참조.

15 Craig와 Lexicon사가 소형 번역기를 상업적으로 생산한다고 선언했다. 이 번역기의 4개 모듈은 4개 언어를 동시에 수용할 수 있는데, 각 모듈은 1500단어를 입력한 메모리 기능을 가지고 있다. Weidner 커뮤니케이션 시스템 회사는 평균 수준의 번역가의 번역 능력을 시간당 600단어에서 2400단어로까지 늘릴 수 있는 '멀티언어 워드프로세서'를 생산했다. 이 워드프로세서에는 2개 국어 사전, 동의어사전, 문법 색인 목록 등 세 가지 메모리가 들어 있다.(*La semaine media* 6, 6 décembre 1978, p. 5)

에 있다고 생각하는 옛 원리는 이제 낡은 것이 되고 있으며, 앞으로 더욱더 그렇게 될 것이다. 지식 공급자와 사용자가 자신들이 공급 또는 사용하는 지식과 맺는 관계는 이제 상품 생산자와 소비자가 그들이 생산하고 소비하는 상품과 이미 맺고 있던 관계의 형식, 다시 말해 가치 형식을 띠는 추세를 보이고 있으며 이 추세는 앞으로 더욱 심해질 것이다. 지식은 팔리기 위해 생산되고 있고 앞으로도 그럴 것이다. 지식은 새로운 생산에서 가치를 얻기 위해 소비되고 있으며 앞으로도 계속 그러할 것이다. 두 경우 모두 그 목적은 교환이다. 지식은 이제 그 자체가 목적이기를 그만두고, '사용 가치'[16]를 상실한다.

지난 몇십 년 동안 지식이 주된 생산력이 되어 왔다는 사실은 널리 인정되고 있다.[17] 이런 점은 이미 가장

---

16 Jürgen Habermas, *Erkenntnis und Interesse*(Frankfurt: Suhrkamp, 1968) (Eng. trans, Jeremy Shapiro, *Knowledge and Human Interests*(Boston: Beacon, 1971)).

17 마르크스는 다음과 같이 썼다. "사회적 집단으로서의 존재로 인해 인간이 자연을 이해하고 통제하는 것은 생산과 부의 커다란 초석으로 보인다." 그래서 "일반적인 사회적 지식은 직접적인 생산력이 된다."(*Grundrisse*(1857~1858)

고도로 발전한 나라들의 노동력 구성에 커다란 영향을
미쳤으며,[18] 개발 도상 국가에겐 주된 애로 사항이 되
고 있다. 후기 산업 사회, 포스트모던 시대에 과학은 국
민 국가의 생산력 창고에서 으뜸가는 위치를 점하게 되
고 앞으로 그 지위를 강화해 나갈 것이 분명하다. 사실
이러한 상황은 선진국과 개발 도상국 간의 격차가 더욱
커질 것이라는 결론을 가능케 하는 한 가지 이유이다.[19]

(Berlin: Dietz Verlag, 1953), p. 593(Eng. trans., Martin Nicolaus(New York: Vintage, 1973), p. 705) 그러나 마르크스는 지식 습득이 생산력이 되는 것, 다시 말해 기계(여기에서 "기계란 인간의 손으로 창출된 인간 두뇌의 기관이자 객관화된 지식의 힘"이다.)와 마찬가지로 생산력이 되는 것은 "지식의 형태를 취할 때뿐 아니라 사회적 실천의 직접적 수단으로 될 때에도 해당된다."라고 인정한다.(p. 706) Paul Mattick, *Marx and Keynes: The Limits of the Mixed Economy*(Boston: Extending Horizons Books, 1969)를 볼 것. 이 점은 Lyotard, "La place de l'aliénation dans le retournement marxiste"(1969), *Dérive à partir de Marx et Freud*(Paris: Union Générale d'Édition 1973), pp. 78~166 에도 논의되어 있다.

18 미국에서 노동력 구성은 지난 20년간(1950~1971) 다음과 같이 변해 왔다.

	1950	1971
공장, 서비스 영역 혹은 농업노동자	62.5%	51.4%
전문 기술직	7.5%	14.2%
화이트 칼라	30.0%	34.0%
	(*Statistical Abstracts*, 1971)	

19 이는 원자재를 입수하여 자본(돈)으로 이전하는 데 필요한 시간과 비교했을 때 고급 기술자나 평균 과학자가 '조립'하는 데 요구되는 시간(이 더 들기)

그러나 이런 측면에만 너무 집착해서 그것과 상보적인 또 하나의 측면을 간과해서는 안 된다. 생산 권력이 필요로 하는 정보 상품의 형태로서 지식은 이미 권력 획득을 위한 전 세계적 경쟁에서 중요한, 어쩌면 가장 중요한 관건이 되었으며 앞으로도 계속 그럴 것이다. 민족 국가들이 한때 영토 장악을 위해, 나중에는 원료와 값싼 노동력을 획득하고 착취하기 위해 싸웠던 것과 마찬가지로 언젠가는 정보를 장악하기 위해 경쟁하는 날이 올 것이라고 추정할 수 있다. 한편으로는 산업과 상업 전략의 새로운 장이 열렸고 다른 한편으로는 정치와 군사 전략의 새로운 장이 열렸다.[20]

하지만 위에서 개괄한 관점이 내가 드러내고자 했던 것처럼 그렇게 간단한 것만은 아니다. 왜냐하면 지

때문이다. 1960년대 말 Mattick은 저개발국의 순투자 비율은 GNP의 3~5%이고 선진 국가는 10~15%라고 추정했다.(*Marx and Keynes*, p. 248)

20   Nora and Minc, *L'informatisation de la société*, 특히 제1부, "Les défis;" Y. Stourdzé, "Les États-Unis et la guerre des communications", *Le Monde*, 13~15 December 1978. 1979년 세계 텔레커뮤니케이션 시장의 가치는 300억 달러였다. 10년 후엔 680억 달러에 이를 것이라고 추정된다.(*La semaine media* 19, 8 mars 1979, p. 9)

식의 중상주의화가 지식의 생산과 분배에 관해 지금까지 민족 국가들이 누려 왔고 또 아직도 누리고 있는 특권에 영향을 미치게 되기 때문이다. 지식이 사회의 두뇌 혹은 심장인 국가의 영역에 속한다는 관념은 그와 반대되는 원리가 강해짐에 따라 점점 더 낡은 것이 될 것이다. 그 반대 원리에 따르면 사회에 유통되는 메시지의 정보가 풍부하고 해독이 용이할 때만 그 사회가 존재하고 발전하게 된다. 지식의 상품화와 공생 관계에 있는 소통의 '투명성'이라는 이데올로기는 국가를 잡음과 '소음'의 한 가지 요소로 인식하기 시작할 것이다. 경제 권력과 국가 권력 간의 관계 문제가 새로운 절박성을 띠고 위협적으로 제기되기 시작하는 것도 이 같은 관점에서 보았을 때 가능하다.

이미 지난 몇십 년 동안 경제 권력들은 다국적 기업이라는 일반적 이름으로 지칭되는 새로운 자본 순환 형식들을 통해 국가의 안정을 위협하는 수위에까지 이르렀다. 이 새로운 순환 형식들은 투자 결정이 최소한 부분적으로나마 국민 국가의 통제를 벗어났음을 의미한다.[21] 이 문제는 컴퓨터 기술과 텔레마티크가 발전함에

1 연구 범위 — 컴퓨터 사회의 지식

따라 더욱 첨예해질 기세이다. 예를 들어 IBM 같은 하나의 기업이 지구 통신 궤도의 한 영역대를 소유하면서 통신 위성과 데이터 뱅크 위성을 발사할 힘을 부여받았다는 사실을 상기해 보라. 누가 이 위성들을 이용하겠는가? 어떤 채널과 데이터를 금지시킬지에 대한 결정권은 누가 갖겠는가? 국가일까? 아니면 국가도 그저 여러 사용자 가운데 하나에 불과하게 될 것인가? 새로운 법률적 문제들이 제기될 것이며, 이와 더불어 다음과 같은 질문이 제기될 것이다. "누가 알게 되는가?"

그러므로 지식의 성격 변화는 현존하는 여러 공권력에도 영향력을 미침으로써 공권력이 거대 기업과 맺는 관계, 그리고 좀 더 일반적으로는 시민 사회와 맺는 관계를 (법적으로뿐 아니라 실질적으로도) 재고하도록 만들 것이다. 세계 시장의 재개방, 격렬한 경제 경쟁으로의 복귀, 미국 자본주의의 주도권 붕괴, 사회주의적 대안의 쇠퇴, 중국 시장의 개방 가능성 등을 고려해 보라. 이러

---

21 F. de Combret, "Le redéploiement industriel", *Le Monde*, avril 1978; M. Lepage, *Demain le capitalisme*(Paris: Le Livre de Poche, 1978); Alain Cotta, *La France et l'impératif mondial*(Paris: Presses Universitaires de France, 1978).

한 여러 요소로 인해 1970년대 말에 이미 국가들은 1930
년대 이래로 익숙해 있던 투자의 지도 및 지시 역할에
대해 심각하게 재평가를 준비해 오고 있다.[22] 새로운 기
술은 정책 결정에 (그리고 통제 수단에도) 이용되는 정보
를 훨씬 더 유동적으로 만들고 또 표절을 더 용이하게
하기 때문에 그 같은 재점검의 절박성은 증대될 뿐이다.

지식이 '교육적' 가치나 정치적(행정, 외교, 군사적)
중요성이 아니라 화폐의 행로와 똑같은 행로를 따라 순
환하는 모습을 그려 보기란 어렵지 않다. 이제 적절한
구분은 더 이상 지식과 무지 사이에 있는 것이 아니라
화폐의 경우와 마찬가지로 '지출 지식'과 '투자 지식'
사이에 있다. 다시 말하면 일상적인 생계유지의 틀(노동
력의 재구성, 즉 '생존') 속에서 교환되는 지식 단위들과 어
떤 프로젝트를 적절히 수행하기 위해 투자된 지식 자금
들 사이에 구분이 성립되는 것이다.

사정이 이렇다면 소통의 투명성은 자유주의와 흡

---

22 그것은 '행정부를 약화'시키고 '최소 국가'에 이르는 문제이다. 이는 1974년
에 시작된 '위기'와 더불어 초래된 복지 국가의 쇠퇴를 의미한다.

사하게 될 것이다. 자유주의는 어떤 통로는 정책 결정에 이용되고 또 어떤 통로는 부채 지불에만 유용한 그런 화폐 유통의 조직을 배제하지 않는다. 우리는 이와 마찬가지로 똑같은 성격의 똑같은 통로들을 따라 움직이는 지식의 유통을 생각해 볼 수 있는데, 이 지식 유통 가운데 일부는 '정책 결정자들'을 위해 비축될 것이고, 나머지는 사회적 유대와 관련하여 각 개인이 항구적으로 지고 있는 부채를 갚는 데 이용될 것이다.

ㄹ 문제—정당화

이상은 내가 지식의 지위 문제를 검토하려는 영역을 정의해 주는 작업가설이다. 이 가설은 '사회의 컴퓨터화'라는 이름 아래 행해지는 시나리오와 유사한 것으로, (비록 우리의 가설은 전혀 다른 각도에서 전개되고 있긴 하지만) 독창적이라 할 만한 것은 못 되며 심지어 진리라고 주장할 것도 못 된다. 작업가설에 요구되는 것은 뛰어난 구분 능력이다. 가장 고도로 발전한 사회의 컴퓨터화라는 시나리오는 (지나친 과장의 위험이 있긴 하지만) 우리로 하여금 지식의 변형과 그 변형이 여러 가지 공권력 및 민간 제도들에 미치는 효과, 다른 관점에서는 파악하기 어려운 이 같은 효과들에 주목하도록 해 준다. 그러므로 우리의 가설이 현실과 관련하여 예측적 가치를 지닌다고 간주해서는 안 되며 제기된 문제에 대해 전략적 가치만 갖는 것으로 간주해야 한다.

그럼에도 불구하고 이 가설은 상당히 신빙성이 있으므로 우리가 이 가설을 택한 것이 자의적이지는 않다. 여러 전문가들이[1] 이 가설을 폭넓게 설명해 왔으며, 이미 원거리 통신 산업 운용 등 이 문제에 가장 직접적으로 관계된 정부 당국자나 민간 기업의 결정 과정에 지침이 되고 있다. 그러므로 이제 이 가설은 어느 정도 관찰 가능한 현실이 되었다. 마지막으로, 경기 침체나 전반적 불황(예를 들면 세계 에너지 문제 해결의 지속적 실패로 인한 불황)을 막는 데 이 시나리오가 실현될 가능성이 높다. 현대 기술이 사회의 컴퓨터화에 대한 대안으로 다른 어떤 방향을 취할 수 있을지는 알기 어렵다.

이는 이 가설이 진부하다고 말하는 것과 같다. 하지만 이 가설이 진부하다고 할 수 있는 것은 과학 기술의 진보라는 일반적 패러다임에 대응하지 못하는 경우

---

1 "La nouvelle informatique et ses utilisateurs", annexe III, *L'informatisation de la société*(1장의 주 8).

에 한해서인데, 그럴 경우 경제 성장과 사회·정치적 권력의 팽창이 그에 대한 자연스러운 보완책이 될 것 같다. 과학 기술 지식이 누적적이라는 사실은 의문의 여지가 없다. 쟁점이 되는 것은 지식이 축적되는 형태일 뿐이다. 어떤 사람들은 지식의 축적 형태를 규칙적이고 지속적이며 일관된 것으로 그리는가 하면, 어떤 사람들은 주기적이고 불연속적이며 모순적인 것으로 그린다.[2]

그러나 이같이 뻔한 이야기들은 잘못된 것이다. 우선, 과학 지식이 지식 전체를 대표하지 않는다. 과학 지식은 내가 간결하게 표현하기 위해 서사(그 특징에 대해선 차후 설명하겠다.)라고 부르는 다른 종류의 지식과 언제나 별도로, 그리고 그것과 경쟁하거나 갈등을 일으키며 존재해 왔다. 서사 지식이 과학을 지배한다고 말할 생각은 없다. 하지만 서사 지식의 모델은 내적 평정과 유쾌함

---

2 B. P. Lecuyer, "Bilan et perspectives de la sociologie des sciences dans les pays occidentaux", *Archives européennes de sociologie* 19(1978), pp. 257~336 (bibliog.). 영미의 흐름에 대해서는 상당한 정보가 있다. 1970년대 초반까지는 Merton학파가 지배했고 현재는 특히 Kuhn의 영향 아래 Merton학파의 영향력이 감소하고 있다. 그러나 독일의 과학사회학에 관해서는 별 정보가 없다.

2 문제 ― 정당화

이라는 관념과 연관되어 있는데,[3] 바로 그 서사 지식 옆에 현대의 과학 지식은 초라한 모습으로 서 있다. 특히 '인식자'와의 관계에서 외화를 거치게 되고 사용자로부터의 소외가 예전보다 훨씬 더 커지게 될 경우 과학 지식은 더욱 초라해진다. 여기에서 발생하는 연구자들과 교육자들의 탈도덕화는 결코 무시할 수 없을 정도다. 1960년대 고도로 발전한 대부분의 사회에서 과학 분야의 전문 직업을 준비하고 있던 사람들(학생들) 사이에서 이 같은 현상이 폭발적인 수위에까지 이르렀다는 사실은 잘 알려져 있다. 도덕적 오염의 악영향으로부터 스스로를 보호할 수 없었던 많은 실험실과 대학들은 현저한 생산성 감소를 드러냈다.[4] 희망에서건 공포에서건, 이러한 현상을 보고 (당시 흔히 그랬던 것처럼) 혁명이 도래하리라 기대하는 것은 무리다. 그것이 하룻밤 사이에 후기 산업 사회의 사물의 질서를 바꾸어 놓지는 못할 것

---

3 이 용어는 Ivan Illich, *Tools for Conviviality* (New York: Harper & Row, 1973)에서 강조되었다.

4 이러한 '탈도덕화'에 관해서는 A. Jaubert and J.-M. Lévy-Leblond, eds., *(Auto)Critique de la science* (Paris: Seuil, 1973), 1부 참조.

이기 때문이다. 하지만 과학자들의 입장에서는 이런 회의가 과학 지식이 갖는 지위의 현재와 미래를 평가하는 데 중요한 요소로 간주되어야 한다.

과학자들의 탈도덕화가 정당화라는 핵심 문제에 영향을 끼치므로 (이것이 두 번째 요지인데) 이 문제는 더욱더 고려할 필요가 있다. 나는 정당화라는 용어를 현대 독일 이론가들이 권위의 문제를 논의하면서 사용하는 것보다는 더 폭넓은 의미로 사용한다.[5] 아무 민법이나 예로 들어 보자. 민법은 시민이라는 특정 범주가 특정 유형의 행위를 수행해야 한다고 규정한다. 정당화는 법률 제정자가 그러한 법률을 하나의 규범으로 공표할 수 있는 권한을 부여받는 과정이다. 그러면 이제 과학적 진술의 경우를 예로 들어 보자. 하나의 진술이 과학적인 것으로 받아들여지려면 일정한 조건들의 집합을 충족해야 한다는 규칙에 들어맞아야 한다. 이 경우에 정당화란 과학 담론을 취급하는 '규칙 제정자(législateur)'가 특

---

5 Jürgen Habermas, *Legitimationsprobleme im Spätkapitalismus*(Frankfurt: Suhrkamp, 1973)(Eng. trans., Thomas McCarthy, *Legitimation Crisis*(Boston: Beacon Press, 1975)).

정 조건들(일반적으로 내적 일관성과 경험적 검증 가능성)을 규정할 수 있는 권한을 부여받는 과정이다. 그 조건들은 하나의 진술이 과학 공동체가 고려할 담론에 포함될 것인지 여부를 결정한다.

이 둘을 비교한 것은 억지처럼 보일 수도 있다. 그러나 나중에 보게 되겠지만 이것은 억지가 아니다. 과학의 정당성은 플라톤 이래 규칙 제정자들이 해 온 정당화 작업의 문제와 뗄 수 없는 연관을 갖고 있다. 이런 관점에서 볼 때 비록 이 두 가지 권위에 할당된 진술들의 성격이 서로 다르기는 해도, 무엇이 진리(vrai)인지 결정할 수 있는 권한이 무엇이 정당(juste)한지 결정할 수 있는 권한으로부터 독립된 것은 아니다. 요점을 말하자면 과학이라 불리는 종류의 언어와, 윤리 및 정치라고 불리는 종류의 언어 사이에는 확고한 상호 연관이 있다. 이 두 종류의 언어는 모두 동일한 관점 또는 동일한 '선택'(서양적인 것으로 불리는 선택)이라 불러도 좋을 하나의 관점에서 나온 것이다.

지금은 과학이 과거 어느 때보다 지배 권력에 더 철저하게 종속되어 있으며, 새로운 기술과 더불어 과학이 권력 갈등에서 하나의 중요한 관건이 될 위험에 처해 있는 시기이다. 이러한 시기에 과학 지식의 지위를 점검할 경우, 이중 정당화(double légitimation)의 문제는 뒤로 물러나기는커녕 필연적으로 전면에 부상한다. 그 이유는 과학 지식이 가장 완전한 형식인 전도의 형식을 띠게 되어 지식과 권력이 실은 동일한 질문의 양면에 지나지 않는다는 사실을 보여 주기 때문이다. 무엇이 지식인지를 누가 결정하고 무엇을 결정해야 하는지를 누가 아는가? 컴퓨터 시대에 지식의 문제는 다른 어느 때보다 통치의 문제가 된다.

ㅋ 방법—언어 게임

독자는 위에 제시된 틀 속에서 이 문제를 분석하면서
내가 특정 절차를 더 선호한다는 점을 이미 눈치챘을
것이다. 나는 언어 현상들, 그중에서도 특히 화용적 측
면을 강조했다.[1] 앞으로 전개될 내용을 명확히 하기 위

---

1 Peirce의 기호학을 따라 구문론, 의미론, 화용론의 영역으로 구분하는 것
은 Morris에 의해 이루어졌다. Charles W. Morris, "Foundations of the The-
ory of Signs", Otto Neurath, Rudolph Carnap, and Charles Morris, eds.,
International Encyclopedia of Unified Science, vol. 1, pt. 2(1938): pp. 77~137.
이 용어를 사용하는 데 나는 특히 다음의 저서를 참조했다. Ludwig Wittgen-
stein, *Philosophical Investigations*(Eng. trans., G. E. M. Anscombe(New York:
Macmillan, 1953)); J. L. Austin, *How to Do Things with Words*(Oxford:
Oxford University Press, 1962); J. R. Searle, *Speech Acts*(Cambridge:
Cambridge University Press, 1969); Jürgen Habermas, "Unbereitende
Bermerkungen zu einer Theorie der kommunikativen Kompetens", Habermas
and Luhmann, *Theorie der gesellschaft oder Sozialtechnologie*(Stuttgart:
Suhrkamp, 1971); Oswald Ducrot, *Dire et ne pas dire*(Paris: Hermann, 1972);

해, 간단하게나마 화용적(pragmatic)이라는 용어가 여기에서 무엇을 의미하는지 요약해 보면 도움이 될 듯하다.

"이 대학은 병들었다."와 같이 대화나 면담의 문맥에서 행해진 지시적(dénotatif) 발화[2]는 발신자(destinateur, 진술을 말하는 사람), 수신자(destinataire, 진술을 듣는 사람), 지시 대상(référent, 진술이 다루는 대상)을 특정한 방식으로 위치 짓는다. 지시적 발화는 발신자를 '인식자'(그는 대학의 상황이 어떤지를 안다.)의 위치에 두고, (또 노출시키며,) 수신자는 동의하거나 거부해야 할 위치에 놓이며, 마지막으로 지시 대상 자체는 지시적 발화에 특이한 방식, 즉 그것을 지시하는 진술에 의해 정확히 가리켜지고 표현될 것이 요구되는 어떤 것으로 취급된다.

우리가 만약 대학 평의회에서 학장이나 총장이 말

J. Poulain, "Vers une pragmatique nucléaire de la communication"(원고본, Université de Montréal, 1977). Watzlawick et al., *Pragmatics of Human Communication*도 참조.

2 '지시(denotation)'는 여기에서 논리학의 고전적 용법에서 쓰이는 '기술(description)'에 해당된다. Quine은 '지시'를 '참(true of)'으로 대체했다.(W. V. Quine, *Word and Object*(Cambridge, Mass.: MIT Press, 1960)). Austin은 'descriptive'라는 표현보다 'constative'를 선호했다.(J. L. Austin, *How to Do Things with Words*, p. 39)

하는 "이 대학은 개방되어 있다."와 같은 선언(déclara-tion)을 생각해 보면 앞서 말한 것들이 이런 선언에는 더 이상 적용되지 않는다는 점이 분명해진다. 물론 발화의 의미는 이해되어야 하지만 그것은 일반적 소통의 조건일 뿐, 우리가 서로 다른 종류의 발화들과 그 발화들의 구체적 효과를 구별하는 데 별 도움을 주지는 못한다. '수행적(performatif)'[3] 발화인 이 두 번째 발화의 독특한 특징은 발화가 지시 대상에 대해 갖는 효과와 그 발화 행위가 일치한다는 점이다. 위에서 말한 상황에서 대학은 개방되어 있다고 선언되었기 때문에 개방되어 있다. 대학이 개방되어 있다는 사실은 수신자 쪽의 토론이나 검증에 달려 있지 않으며, 수신자는 곧바로 그 발화에 의해 생성된 새로운 문맥 속으로 편입된다. 발신자는 발신자대로 그런 진술을 할 수 있는 권한을 부여받고 있어야 한다. 사실 우리는 이것을 거꾸로 말할 수도 있다.

---

3 수행적(performatif)이란 용어는 언어 이론에서 Austin 이후 정확한 의미를 얻게 되었다. 나중에 이 책에서 이 개념은 투입/산출의 비율에 따라 측정되는, 현재 통용되는 효율성이라는 새로운 의미를 가진 (특히 체제의) 수행성(performance)의 용어와 연결되어 다시 나타날 것이다. 이 두 의미는 크게 다르지 않다. Austin의 '수행적'이라는 개념은 최고의 수행성을 실현한다.

말하자면 발신자는 내가 이야기했던 식으로 지시 대상 (대학)과 수신자(대학 직원) 모두에게 직접 영향을 미칠 수 있을 경우에만 학장이거나 총장이다. 다시 말해 발신자는 이런 종류의 진술을 할 수 있는 권위를 부여받고 있다.

또 다른 경우는 "이 대학에 돈을 기부하십시오."와 같은 유형의 발화를 포함한다. 이 같은 발화는 규정(prescription)이다. 이러한 발화는 지시, 명령, 훈시, 권고, 요청, 기원, 간청 등으로 변형될 수 있다. 여기에서 발신자는 명백히 권위를 갖는 지위에 놓인다. 여기에서 권위는 신에게 자비를 주장하는 죄인의 권위까지 포함한 넓은 의미의 권위이다. 여기에서 발신자는 수신자가 지시된 행위를 수행할 것을 기대한다. 규정의 화용법은 수신자와 지시 대상의 지위에서 동시적 변화를 수반한다.[4]

또 다른 차원은 질문, 약속, 문학적 묘사, 서사 등의 효율성과 관련이 있다. 요약해 보면 다음과 같다. 비트

---

4 이 범주들에 대한 최근의 분석은 Habermas의 "Unbereitende Bermerkungen"에서 찾아볼 수 있고 J. Poulain, "Vers une pragmatique nucléaire"에 논의되어 있다.

겐슈타인(L. J. Wittgenstein)은 언어 연구를 처음부터 다시 시작하면서 서로 상이한 여러 담론 양식들의 효과에 관심을 집중시킨다. 그는 이 과정에서 자신이 규명한 다양한 발화 유형들(그중 몇 가지는 내가 이미 제시했다.)을 언어 게임(jeux de langage)이라 부른다.[5] 언어 게임이라는 용어로써 그가 의미하고자 하는 것은 다양한 발화 범주에 속하는 각각의 발화를 그 범주의 성격과 해당 용도를 상세히 규정하는 규칙들로 정의할 수 있다는 사실이다. 이것은 장기 놀이가 각각의 말의 특성, 즉 올바른 말 움직이기 방식을 결정하는 일련의 규칙들에 의해 정의되는 것과 정확히 똑같다.

언어 게임에 대해 다음 세 가지 사항을 지적해 두는 것이 좋을 것 같다. 첫째, 언어 게임의 규칙들은 그 내부에 스스로의 정당성을 가지고 있지 않으며, 명시적이든 암묵적이든 경기자들 간의 계약 대상에 지나지 않는다. 이 말이 경기자들이 규칙을 만들어 낸다는 뜻은 아니다. 둘째, 규칙이 없으면 게임도 없다는 것이다.[6] 아주 사소

---

5 *Philosophical Investigations*, sec. 23.

한 것일지라도 규칙이 수정되면 그에 따라 게임 자체의 성격도 바뀐다. 규칙들을 충족시키지 못하는 '수(coup, 영어로는 move, 즉 장기나 바둑에서와 같은 하나의 '수'—옮긴이 주)', 즉 하나의 발화는 그 규칙들이 정의하는 게임에 속할 수 없게 된다. 셋째로 지적할 것은, 방금 한 말에 암시돼 있다. 즉 모든 발화는 게임에서의 하나의 '수'로 생각할 수 있다.

이 마지막 사항에 따르면 우리는 우리의 전체 방법론을 받쳐 주는 제1원리, 즉 말하는 것은 게임을 한다는 의미에서 싸우는 것이며 언어 행위[7]는 일반 경기 영역에 포함된다는 결론에 이르게 된다.[8] 이 말은 우리가 꼭

---

6 John Von Neumann and Oskar Morgenstern, *Theory of Games and Economic Behavior*(Princeton University Press, 1944), p. 49; "게임은 단지 그 것을 기술하는 규칙의 총체일 뿐이다." 이 정식은 비트겐슈타인의 정신에는 낯선 것이다. 비트겐슈타인에게 있어서 게임 개념은 정의에 의해 파악될 수 없다. 정의란 이미 언어 게임이기 때문이다.(*Philosophical Investigations*, 특히 secs. 65~84)

7 이 용어는 Searle에게서 나왔다. "언어 행위란…… 언어적 소통의 기본 단위 혹은 최소 단위이다."(*Speech Acts*, p. 16) 나는 이것들을 소통의 영역보다는 경기(agon, 마상 시합)의 영역 속에 두겠다.

8 경기는 초기 비극론자들은 말할 것도 없고 헤라클레이토스의 존재론과 소피스트의 변증법의 기반이다. *Topics*와 *Sophistici Elenchi*에 나타난 아리스토텔레스의 많은 사색들은 경기에 바쳐져 있다. F. Nietzsche, "Homer's Contest"(Eng.

이기려고 게임을 한다는 의미는 아니다. 단지 묘수를 생각해 내는 기쁨으로 하나의 수를 둘 수도 있다. 대중 연설이나 문학에서 언어를 쥐어짜내는 노동을 할 때, 이것 말고 다른 무엇이 있겠는가? 구절이나 단어 또는 의미를 끝없이 뒤트는 발명 과정은 파롤(parole) 차원의 언어 진화의 이면에 내재된 과정으로서, 우리에게 큰 기쁨을 준다. 하지만 이런 기쁨도 상대를 이겼다는 성취감, 적어도 한 명의 상대를, 만만찮은 상대를 이기고 난 후 느끼는 성취감에 달려 있음은 의심의 여지가 없다. 그 상대는 바로 기존의 인정받은 언어 또는 함축적 의미[9]이다.

언어 경기라는 이 같은 생각 때문에 이 원리를 보충해 주며 우리의 분석 지침이 되는 둘째 원리를 간과해서는 안 된다. 관찰 가능한 사회적 유대가 여러 가지 언

trans., Maximilian A. Mügge, *Complete Works*, vol. 2(London: T. N. Fowlis, 1911; reprint, New York: Gordon Press, 1974)) 참조.

9 Louis Hjelmslev의 *Prolegomena to a Theory of Language*(Madison: University of Wisconsin Press, 1963)에서 수립되고, Roland Barthes의 *Elements de sémiologie*(1964)(Paris: Seuil, 1966), 4:1(Eng. trans., Annette Lavers and Colin Smith, *Elements of Semiology*(New York: Hill and Wang, 1968))에서 받아들여진 의미에서.

어의 '수들'로 이루어져 있다는 원리 말이다. 이 둘째 명제를 상술하다 보면 우리가 다루는 문제의 핵심에 다가갈 수 있을 것이다.

4 사회적 유대의 성격—근대적 대안

가장 고도로 발전한 현대 사회에서의 지식을 논하려면 우리는 그 사회에 어떤 재현 방법을 적용할 것인가 하는 사전 질문에 먼저 답해야 한다. 좀 심하게 단순화하자면, 최소한 지난 반세기 동안 원칙적으로 두 가지 기본적인 사회 재현 모델이 존재해 왔다고 말할 수 있겠다. 그것은 사회가 하나의 기능적 전체를 이루고 있다는 설명과 사회가 둘로 나뉘어 있다는 설명이다. 첫째 모델의 실례는 탤컷 파슨스(Talcott Parsons, 적어도 2차 세계대전 후의 파슨스)와 그의 학파가 제시하고 있으며, 뒤의 것은 마르크스주의의 사조가 보여 주고 있다. (여러 가지 차이야 있겠지만, 이 사조에 속하는 모든 학파는 계급 투쟁의 원칙과 변증법을 사회에 통합적으로 작동하는 이중 원리로 받아들인다.)[1]

사회에 대한 중요한 두 유형의 담론을 정의해 주는 이 같은 방법론적 분화는 19세기부터 내려온 것이다. 사회란 하나의 유기적 전체를 이루며 그 유기적 전체가 없으면 더 이상 사회가 아니라는(사회학도 더 이상 연구 대상을 갖지 못한다는) 생각이 프랑스학파(école française)를 창립한 사람들의 지배적인 생각이었다. 여기에 기능주의자들이 세부 내용을 덧붙였다. 그런데 이 생각은 1950년대에 이르러 사회를 자기 조절 체계(système auto-régulé)로 파악하는 파슨스의 개념과 더불어 또 한 번의 수정을 거쳤다. 이제는 이론적이거나 실질적인 모델이 더 이상 살아 있는 유기체도 아니다. 그것은 2차 세계대전 기간 동안, 그리고 그후 지속적으로 모델을 확대, 적용

---

1 특히 다음 글을 읽을 것. Talcott Parsons, *The Social System*(Glencoe, Ill.: Free Press, 1967); *Sociological Theory and Modern Society*(New York: Free Press, 1967). 현대 사회에 관한 마르크스주의 이론의 참고 문헌을 작성하자면 50쪽 이상 소요될 것이다. 이에 관해서는 Pierre Souyri의 *Le marxisme après Marx*(Paris: Flammarion, 1970)에 실린 유용한 요약(자료와 비판적 참고 문헌)을 볼 것. 이 두 큰 사회 이론 조류 사이의 갈등과 양자 간의 상호 결합에 관한 흥미로운 검토로는 A. W. Gouldner, *The Coming Crisis of Western Sociology*(New York: Basic Books, 1970)가 있다. 이 갈등은 프랑크푸르트학파의 상속자이자 독일 사회 체계 이론, 그중에서도 특히 Luhmann의 이론과 논쟁적 관계에 있는 Habermas의 사상에서 중요한 위치를 차지하고 있다.

4 사회적 유대의 성격 — 근대적 대안

해 가고 있는 인공두뇌학에서 그 모델을 제공받고 있다.

파슨스의 작업에는 체계 이면의 원리가 여전히 낙관적이라고 말할 수 있겠다. 그것은 적당한 복지 국가의 보호 아래 성장 경제와 풍요 사회의 안정화가 가능하다는 생각과 일치한다.[2] 현대 독일 이론가들의 체계 이론(Systemtheorie)은 절망적일 뿐 아니라 기술 관료적이며 냉소적이기까지 하다. 개인이나 집단의 욕구 및 희망과 체계에 의해 보장되는 기능들 간의 조화는 이제 체계의 기능 수행에서 부차적 요소밖에 되지 못한다. 체계의 진정한 목표, 그리고 체계가 스스로를 컴퓨터처럼 프로그램화하는 이유는 투입과 산출의 전체 관계를 최적화하기 위한 것, 즉 수행성을 최적화하려는 것이다. 규칙이 바뀌는 과정에 있고 혁신이 일어나고 있을 때에도, 또 파업, 위기, 실업, 또는 정치 혁명 등 여러 가지 역기능이 희망을 불어넣어 대안에 대한 신념을 가져다줄 때

---

2 이러한 낙관주의는 Robert Lynd, *Knowledge for What?*(Princeton, N. J.: Princeton University Press, 1939), p. 239의 결론에 분명히 나타나 있다. Max Horkheimer, *Eclipse of Reason*(Oxford: Oxford University Press, 1947)에서 인용. 근대 사회에서 삶의 목적을 규정하는 것으로는 과학이 ('낡고 진부한') 종교를 대체해야 한다.

마저도, 그리고 실제로 일어나고 있는 것이 체계의 내적 재조정에 불과할지라도, 언제나 그 결과는 단지 체계의 '생존 능력'의 증대일 뿐이다. 이런 종류의 수행성 향상에 대한 유일한 대안은 엔트로피, 즉 쇠퇴뿐이다.[3]

---

3 Helmut Schelsky, *Der Mensch in der Wissenschaftlichen Zivilisation*(Köln und Opladen: Arbeitsgemeinschaft für Forschung des Landes Nordrhein-Westfalen, Geisteswissenschaften Heft 96), pp. 24ff. "국가의 주권은 이제 국가가 폭력의 사용을 독점한다거나(Max Weber) 비상 권력을 소유한다는(Carl Schmitt) 단순한 사실에 의해서 표명되지 않는다. 오히려 국가의 주권은 국가가 다른 것들이 기술 수단을 사용할 때 가하는 제한 규정에서 국가 자신은 벗어나면서 국가 내에 있는 모든 기술 수단의 효율성 정도를 결정하고 국가 자신을 위해 최대한의 효율성을 보유하는 것에 의해 일차적으로 드러난다." 이는 국가에 관한 이론이지 체계 이론이 아니라고 말할 수 있을 것이다. 그러나 Schelsky는 다음과 같이 보충한다. "그런 과정에서 국가의 목표 선택은 내가 앞서 과학 문명의 보편 법칙으로 언급했던 법칙에 종속된다. 다시 말해 수단이 목표를 결정하고 기술적 가능성이 그 용도를 지시한다." 하버마스는 이러한 법칙에 반대하면서 기술적 수단들과 합목적적인 이성적 행위 체계가 결코 자율적으로 발전하지 않았다는 사실을 상기시킨다. "Dogmatism, Reason, and Decision: On Theory and Practice in Our Scientific Civilization"(Eng. trans., John Viertel, in *Theory and Practice*(Boston: Beacon, 1973)) 참조. 이와 함께 다음 글도 읽어 볼 것. Jacques Ellul, *La Technique ou l'enjeu du siècle*(Paris: Armand Colin, 1954); *Le Système technicien*(Paris: Calmann-Lévy, 1977). 노조 지도자인 C. Levinson은 강력한 노동자 조직에 의해 야기된 스트라이크나 강력한 압력이 결국 체계의 수행에 유리한 갈등을 낳는다는 점을 분명히 이야기하고 있다. 그는 미국 산업에 나타나는 기술과 경영의 진보를 이러한 갈등 탓으로 돌린다.(H.-F. de Virieu, *La Matin*, special number, "Que veut Giscard?" December 1978에서 인용)

여기에서 사회 이론의 사회학에 내재해 있는 단순화를 피하기 위해 다시 한번 말해 본다면, 사회에 대한 이 같은 '가혹한' 기술 관료적 관점과 가장 고도로 발전한 산업 사회에서 요구되는 금욕적 노력(이것이 '선진 자유주의'라는 이름 아래 행해졌다는 사실은 문제가 되지 않는다.) 사이에는 최소한 유사성이 있음을 부인하기 힘들다. 금욕적 노력은 1960년대에 재개된 세계 경제 전쟁의 틀 속에서 산업 사회들이 경쟁력을 갖기 위해 (그리고 '합리성'도 최대로 높이기 위해) 필요했다.

콩트와 루만(Niklas Luhmann)의 사상 사이의 커다란 차이를 고려하더라도, 우리는 사회적인 것에 대한 양자의 개념은 동일하다는 것을 알 수 있다. 그것은 사회가 하나의 통합된 전체(totalité unie)이자 '단일성(unicité)'이라는 생각이다. 파슨스는 이것을 명확히 공식화하고 있다. "역동적인 분석의 성공적 완수를 위해 가장 필수적인 조건은 모든 문제를 하나의 전체로서의 체계의 상태에 지속적이고 체계적으로 연관시키는 일이다. …… 어떤 과정이나 조건들의 집합은 체계의 유지 또는 발전에 '기여'하거나, 아니면 체계의 통합이나 효율성에 손상을 입힌다는 점에서 '역기능적'이다."[4] '기술 관료들'[5] 또한 이 생각에 동의한다. 신뢰성이 여기에서 나온다. 체계는 현실이 될 수 있는 수단을 가지고 있고 그것이 체계가 필요로 하는 증거의 전부이다. 호르크하이머가 이성의 '편집증'이라 불렀던 것이 바로 이것이다.[6]

그러나 체계의 자기 조절이라는 이러한 현실주의와, 사실과 해석의 완전히 밀봉된 순환 회로가 편집증적이라는 판단을 내릴 수 있는 것은, 이런 입장들의 유혹에서 원칙적으로 면제된 관점을 가졌거나 또는 가졌다

---

4 Talcott Parsons, *Essays in Sociological Theory Pure and Applied*, rev. ed.(Glencoe, Ill.: Free Press, 1954), pp. 216~218.

5 나는 이 단어를 John Kenneth Galbraith가 *The New Industrial State*(Boston: Houghton Mifflin, 1967)에서 쓴 기술 구조라는 의미나 Raymond Aron이 *Dix-huit lecons sur la société industrielle*(Paris: Gallimard, 1962)(Eng. trans., M. K. Bottomore, *Eighteen Lectures on Industrial Society*(London: Weidenfeld and Nicholson, 1967))에서 쓴 기술 관료 구조라는 의미에서 쓰지, 관료주의라는 용어와 연관된 의미로 사용하지는 않는다. 관료주의란 용어는 경제적 의미뿐 아니라 사회정치적 의미까지 함축하기 때문에, 그리고 이 말은 노동자들의 반대(Kollontaï)에 의한 볼셰비키 권력 비판과 트로츠키파의 스탈린주의 비판에서 유래된 것이기 때문에 훨씬 더 '무거운' 말이다. 이 문제에 관해서는 Claude Lefort, *Eléments d'une critique de la bureaucratie*(Genève: Droz, 1971)를 볼 것. 이 글에서는 그 비판이 사회 전체로까지 확장되어 있다.

6 Max Horkheimer, *Eclipse of Reason*, p. 183.

고 주장할 수 있을 때뿐이다. 마르크스의 작업에 기반한 사회 이론에서 계급 투쟁의 원리가 갖는 기능이 바로 이것이다.

'전통적' 이론은 언제나 사회적 전체의 기획에 통합되어 수행성 최적화의 도구로 이용될 위험에 처해 있다. 왜냐하면 전통 이론의 단일하고 총체화된 진리 추구의 욕망이 체계 관리자들의 단일하고 총체화된 실천에 스스로를 넘겨주기 때문이다. 이원론적 원리에 기초해 있으면서 종합과 화해를 경계하는 '비판' 이론[7]은 이러한 운명을 벗어날 수 있는 위치에 있게 된다.

마르크스주의를 지배하는 것은 다른 유형의 사회 모델이며, 마르크스주의에서는 사회에서 생산되고 사회로부터 얻을 수 있는 지식의 기능에 대해서도 다른 개념이 지배한다. 이 모델은 자본주의가 전통 시민 사회를 침식하는 과정에서 발생된 투쟁을 통해서 생겨났다. 지면 관계상 여기에서 그 투쟁의 흐름을 개괄하기는 힘

7　Max Horkheimer, "Traditionnelle und kritische Theorie" (1937) (Eng. trans., J. O'Connell et al., *Critical Theory: Selected Essays* (New York: Herder & Herder, 1972)).

들다. 그것은 한 세기 이상의 사회적, 정치적, 이데올로기적 역사를 포함하고 있기 때문이다. 이제 그 투쟁의 운명이 알려진 이상 우리는 가늠할 수 있는 대차대조표를 한번 훑어보는 것으로 만족해야 할 것 같다. 자유주의 또는 선진 자유주의 경영을 택한 나라에서는 투쟁과 투쟁 기관이 체계의 조절자로 변모했다. 공산주의 사회에서는 총체화 모델과 그 모델의 전체주의적 영향이 다름 아닌 마르크스주의의 이름 아래 복귀함으로써 그러한 투쟁이 존재할 권리마저 박탈당했을 뿐이다.[8] 어디에서든 정치경제학 비판(마르크스의 『자본론』 부제) 및 그 상관물인 소외된 사회 비판은 체계의 계획을 돕는 데 이러저러한 방식으로 이용될 뿐이다.[9]

물론 프랑크푸르트학파나 '사회주의냐 야만이냐(Socialisme ou barbarie)' 그룹[10] 같은 몇몇 소수 집단들은

---

8 Claude Lefort, *Eléments d'une critique*, 그리고 *Un homme en trop*(Paris: Seuil, 1976); Cornelius Castoriadis, *La Société bureaucratique*(Paris: Union Générale d'Édition, 1973) 참조.

9 예를 들어 J. P. Garnier, *Le Marxisme lénifiant*(Paris: Le Sycomore, 1979).

10 이 이름은 1949년에서 1965년 사이에 일군의 집단이 출판한 「비판의 도구와 혁명적 지향성」의 제목이었는데, 여러 가지 익명을 썼던 주요 편집자들은 C.

이런 과정에 맞서 비판 모델을 보존하고 세련했다. 하지만 이제는 분열이나 계급 투쟁 원리의 사회적 기반이 희미해져서 급진적 성격을 상실할 수준에까지 이르렀다. 비판 모델은 결국 이론적 입지를 상실하고 '유토피아'나 '희망'[11]의 수준으로 떨어졌으며, 인간이나 이성이나 창조성의 이름 아래, 아니면 제3세계나 학생 세력[12]과 같은 사회적 범주의 이름 아래 제기되는 상징적 저항으로 축소되었다는 사실을 숨길 수 없다. 이런 사회적 범주에 앞으로는 가능할 것 같지도 않은 비판적 주체의 기능이 극단적으로 부여된다.

내가 이렇게 도식적으로 (또는 골격만) 살펴본 유일한 까닭은 선진 산업 사회에서의 지식의 문제라는 얼거

---

de Beaumont, D. Blanchard, C. Castoriadis, S. de Diesbach, C. Lefort, J.-F. Lyotard, A. Maso, D. Mothé, P. Simon, P. Souyri 등이었다.

11 Ernst Bloch, *Das Prinzip Hoffnung*(Frankfurt: Suhrkamp Verlag, 1959); G. Raulet, ed., *Utopie-Marxisme selon E. Bloch*(Paris: Payot, 1976)를 볼 것.

12 이것은 알제리 전쟁과 베트남 전쟁, 그리고 1960년대의 학생 운동에 의해 야기된 이론적 나팔 소리를 가리킨다. 이에 대한 역사적 개관으로는 Alain Schapp and Pierre Vidal-Naquet, *Journal de la Commune étudiante*(Paris: Seuil, 1969)(Eng. trans., Maria Jolas, *The French Student Uprising, November 1967~June 1968*(Boston: Beacon, 1971))의 서론 참조.

리를 짜기 위한 문제틀(problématique)을 구체화하기 위해서이다. 지식이 속해 있는 사회에 대해 뭔가를 알지 못한다면 지식의 상태(다시 말하면 지식의 발전과 전파가 오늘날 처해 있는 문제들)를 아는 것도 불가능하기 때문이다. 게다가 오늘날은 다른 어느 때보다 사회를 안다는 것이 우선적으로 연구의 접근 방식을 선택하는 일이 되었는데, 그것은 필연적으로 사회가 어떻게 답해질 수 있는가를 선택한다는 것을 의미한다. 지식의 주된 역할을 사회의 기능 작용에 필수적인 요소라고 결론짓고 그 결정에 따라 움직이려면 먼저 사회를 하나의 거대 기계라고 결론지어야 한다.[13]

반대로 지식의 비판 기능에 의지해서 지식의 발전과 분배를 그런 방향으로 유도하려면 사회가 하나의 통합된 전체를 형성하지 않고 단지 대립 원리의 괴롭힘을 받는다는 사실을 미리 결정해야만 한다.[14] 이제 선택이

---

13 Lewis Mumford, *The Myth of the Machine: Technics and Human Development*, 2 vols.(New York: Harcourt, Brace, 1967).

14 지식인의 체제 참여를 보증받으려는 노력은 그럼에도 불구하고 이 두 전제 사이에서 주저하고 있다. P. Nemo, "La Nouvelle Responsabilité des clercs", *Le Monde*, 8 September 1978.

명확해진 것 같다. 그것은 사회적인 것의 동질성과 내적 이원성 사이, 기능적 지식과 비판적 지식 사이의 선택이다. 하지만 둘 중 하나를 선택하는 것이 어렵거나 자의적일 것 같다.

아예 이 같은 결정을 완전히 피하면서 지식을 두 종류로 나누는 것이 더 매력적으로 보이기도 한다. 우선 실증적인 지식은 인간과 물질에 영향을 미치는 여러 가지 기술에 직접적으로 적용될 수 있으며, 체계 내에서 필수불가결한 생산력으로 작용할 수 있을 것이다. 다른 하나인 비판적, 반성적, 해석학적 지식은 가치와 목표 따위를 직간접적으로 사유함으로써 어떠한 '통합'에 대해서도 저항할 것이다.[15]

---

15 자연과학과 정신과학 간의 이론적 대립의 기원은 Wilhelm Dilthey(1863~1911)의 저작에서 찾아볼 수 있다.

5 사회적 유대의 성격—포스트모던적 관점

구획을 통한 이런 식의 해결은 바람직하지 않다. 이 해결책이 시도하는 대안은 문제를 재연시킬 뿐이며 우리가 관심을 두는 사회에 더 이상 적절하지 않다. 더구나 그런 해결책 자체가 포스트모던적 지식의 가장 중요한 양식과 어울리지 않는 대립적 사고에 여전히 얽매여 있다. 앞서 이야기했듯이 기술 진보로부터 도움을 받는 현 단계 자본주의에서 경제적 '재배치(redéploiement)'는 국가의 기능 변화와 나란히 변화한다. 이런 징후가 암시하는 사회상은 우리가 고려했던 두 가지 접근 방식들을 심각하게 수정할 것을 요구한다. 간단히 말해, 조절 기능과 그에 따른 생산 기능은 관리자들의 손을 떠나 기계에게 맡겨지고 있으며 이 현상은 앞으로 더욱 확대될 것이다. 이제 핵심 문제는 올바른 결정을 보장하기 위해 기계가 저장해야 하는 정보의 이용권을 누가 차지하게 될 것인가 하는 문제로 더욱더 옮겨 갈 것이다. 데이터 이용권은 모든 종류의 전문가들이 갖게 되는 특권이며 앞으로도 계속 그럴 것이다. 지배 계급은 이제 정책결정자들이며 앞으로도 계속 그럴 것이다. 지금도 이미지배 계급은 전통적 정치 계급으로 구성되어 있지 않다. 오히려 지배 계급은 법인 지도자들, 고급 관리자들, 그리고 주요 전문 직업이나 노동계, 정치계, 종교계 조직수뇌들을 포함하는 복합층으로 이루어져 있다.[1]

이 모든 것 중에서도 가장 새로운 것은 국민 국가, 정당, 전문 직업, 제도, 역사적 전통 등이 대표하던 낡은 축들이 유인력을 상실해 가고 있다는 사실이

---

[1] '프랑스 기획'의 위원인 M. Albert는 다음과 같이 썼다. "그 기획위원회는 정부의 연구 부서이다. …… 그것은 또한 아이디어가 발효되고 다양한 견해들이 충돌하며 변화가 준비되는 거대한 회합 장소이다. …… 우리는 혼자 떨어져 있어서는 안 된다. 다른 사람들이 우리에게 깨달음을 던져 줄 것이다." (*L'Expansion*, November 1978) 결정의 문제에 관해서는 G. Gafgen, *Theorie der wissenschaftlichen Entscheidung*(Tübingen, 1963); L. Sfez, *Critique de la décision*(1973; Presses de la Fondation nationale des sciences politiques, 1976)을 읽어 볼 것.

다. 게다가 이 축들이 다른 것으로 대체될 것 같지도 않다. 최소한 예전과 같은 규모로는 말이다. 삼극통상회의(Commission tricontinentale)는 인기 있는 유인의 축이 아니다. 현대사의 위대한 영웅의 이름들과의 '동일시'도 더욱 어려워지고 있다.[2] 프랑스 대통령이 국민들에게 일생의 목표로 제안했던 '독일 따라잡기'에의 몰두도 별 흥미를 돋우지 못한다. 게다가 그게 정확히 일생의 목표도 아니다. 일생의 목표는 각 개인의 근면에 달려 있다. 개인들은 자기에게 관심을 돌린다. 또 우리들 각자는 우리 '자아'가 대단찮다는 사실도 알고 있다.[3]

---

2 지난 20년간 혁명의 시조로 불렸던 스탈린, 마오쩌둥, 카스트로 같은 이름들이 쇠퇴하는 것을 보라. 그리고 워터게이트 사건 이후 미국에서 대통령의 이미지가 붕괴되는 것도 보라.

3 이는 Robert Musil, *Der Mann ohne Eigenschaften*(1930~1933; Hamburg: Rowolt, 1952)(Eng. trans., Eithne Wilkins and Ernest Kaiser, *The Man without Qualities*(London: Secker and Warburg, 1953~1960))의 핵심 주제이다. 자유 논평에서 J. Bouveresse는 20세기 초반에 일어난 과학의 '위기' 및 Mach의 인식론과, 자아의 '약화(déréliction)'라는 주제가 친화성을 지니고 있다고 강조하면서 다음의 증거를 인용한다. "특히 과학의 상태가 주어진다면 인간은 사람들이 그에 관해 말하는 것으로만, 혹은 자기 존재에 대해 행한 바로만 구성된다. …… 세계는 경험한 사건들이 인간과 독립적으로 되어 가는 세계이다. ……그것은 사건 발생의 세계, 그 사건 발생도 누구에게 일어남이 없이, 누구도 책임을 느끼지 않고서 일어나는 세계이다."("La problématique du sujet

거대 서사(grand récit)(이에 관해서는 9장과 10장에서 논의)의 붕괴는 몇몇 저술가들이 사회적 유대가 와해되거나 사회적 집합이 무수한 개별 원자들로 분해되어 브라운 운동[4]에서 말하는 불합리의 상태에 이르렀다는 관점에서 사회를 분석하도록 이끈다. 그러나 이런 현상은 결코 일어나지 않는다. 내가 보기에 이런 관점은 잃어버린 '유기적' 사회에 대한 낙원의 표상에 사로잡힌 것이다.

'자아'는 대단찮은 것이다. 그렇지만 어떤 자아도 섬과 같진 않다. 개별 자아는 과거 어느 때보다 더 복잡하고 유동적인 관계의 그물망 속에 존재한다. 남녀노소, 빈부 격차를 막론하고 인간은 언제나 아무리 작은 것일지라도 특정한 '소통 회로'의 '결절점(noeud)'에 위치해 있다.[5] 좀 더 쉽게 말해 인간은 언제나 여러 종류의 메시

dans L'Homme sans qualités", *Noroit*(Arras) 234 & 235 (1978년 12월~1979년 1월)) 출판된 책은 저자가 개정하지 않았다.

4 Jean Baudrillard, *A l'ombre des majorités silencieuses, ou la fin du social* (Fontenaysous-bois: Cahiers Utopie 4, 1978)(Eng. trans., *In the Shadow of the Silent Majority*(New York: Semiotexte, 1983)).

5 이것은 체계 이론의 어휘이다. 예를 들어 P. Nemo, "La Nouvelle Responsabilité"에 실린 다음 말을 볼 것. "사회를 인공 지능적 의미에서 하나의 체계로 생각하라. 이 체계는 메시지들이 수렴되었다가 다시 유통되는 교차점을 가진 하

지가 통과하는 어떤 지점에 위치해 있다. 우리들 중 어느 누구도, 심지어 가장 적은 특권을 가진 사람조차도 우리를 발신자나 수신자, 혹은 지시 대상의 자리에 위치시키면서 동시에 관통하는 여러 메시지들에 대해 전적으로 무력하지는 않다. 언어 게임의 효과(물론 언어 게임은 개인의 유동성이 관여하는 모든 부분이다.)와의 관계에서 개인의 유동성은 최소한 일정한 한계 내에서 허용될 수 있다. 게다가 이 한계도 애매하다. 개인의 유동성은 조절 메커니즘, 특히 수행성을 증대하기 위해 체계가 실행하는 자기 조절 메커니즘에 의해 요구되기도 한다. 체계는 자신의 엔트로피와 맞서 싸울 수 있을 정도까지 그런 유동성을 북돋워 줄 수 있으며 또 그래야 한다고 말할 수 있다. 예상 밖의 '수'가 갖는 참신함은 그 수로 게임 상대자 혹은 상대자 집단의 상관적 조치와 더불어 체계가 항구적으로 요구하고 소비하는 수행성을 증가시켜 줄 수 있다.[6]

나의 커뮤니케이션 격자이다."

6 이 예는 J.-P. Garnier, *Le Marxisme lénifiant*에 실린 다음 구절에서 보인다. "H. Dougier와 F. Bloch-Lainé가 주도하는 사회혁신정보센터의 역할은 일상생

이제 내가 어떤 관점에서 언어 게임을 나의 일반적인 접근 방법론으로 선택했는지 분명해졌을 것이다. 나는 사회관계 전체가 이런 언어 게임의 성격을 갖는다고 주장하진 않는다. 그것은 계속 제기되어야 할 문제로 남아 있을 것이다. 하지만 언어 게임이 사회의 존속에 필요한 최소한의 관계라는 사실을 확인하기 위해 사회의 기원이라는 허구에 의존할 필요는 없다. 자신에게 주어진 이름 때문이기는 하지만, 어린아이는 태어나기 전부터 이미 주변 사람들이 하고 있는 이야기의 지시 대상으로 위치 지어져 있으며, 그 이야기와의 관계 속에서 자신의 행로를 결정하지 않을 수 없다.[7] 더 간단히 말하면 사회적 유대의 문제는 그것이 문제인 한 그 자체가 이미 언어 게임, 즉 탐구 게임이다. 언어 게임은 질문이 제기되는 수신자와 지시 대상은 물론 질문을 하는 사람까지도 위치 짓는다. 언어 게임은 이미 사회적 유대 그

활 경험에 관한 새로운 정보, 즉 교육, 건강, 정의, 문화적 활동, 도시 계획과 건축 등의 정보를 작성, 분석, 유통시키는 것이다.

7 특히 프로이트는 이런 '예정(predestination)'의 형식을 강조한다. Marthe Robert, *Roman des origines, origine du roman*(Paris: Grasset, 1972) 참조.

자체이다.

다른 한편 커뮤니케이션 요인이 하나의 현실 또는 문제로 더욱더 부각되는 사회에서,[8] 언어가 새로운 중요성을 띠게 될 것이라는 점은 분명하다. 한편으로 조작의 언어나 메시지의 단선적 전달로, 다른 한편으론 자유로운 표현이나 대화로 언어를 바라보는 전통적인 양자택일 차원으로 언어의 의미를 축소시키는 것은 피상적인 태도일 것이다.

이 마지막 사항에 대해 한마디만 덧붙이자. 이 문제를 소통 이론의 관점에서만 설명한다면 두 가지 사실을 간과하게 된다. 첫째, 메시지는 예컨대 그것이 지시적 발화, 규범적 발화, 평가적 발화, 수행적 발화 중 어느 것인가에 따라 매우 상이한 형식과 효과를 갖는다. 명백히 중요한 것은 메시지가 정보 전달 기능만 가지고 있는 게 아니라는 점이다. 메시지를 정보 전달 기능으로만 한정한다면 체계의 이해와 관점에 지나친 특권을 부

---

8 Michel Serres의 저작을 읽어 볼 것. 특히 *Hermès I-IV*(Paris: Éditions de Minuit, 1969~1977) 참조.

여하는 견해를 취하는 꼴이 된다. 인공 지능 기계가 정보를 작동시키는 것은 사실이지만, 그 내부에 미리 프로그램된 목표 자체는 작동 과정 중에 결코 수정(이를테면 수행성을 최대화하는 것으로)할 수 없는 규정적 진술이나 평가적 진술에서 생기는 것이다. 하지만 수행성 최대화가 모든 경우에 사회 체계의 최고 목표라고 인정할 수 있는가? 어쨌거나 사회 체계의 기초를 이루는 '원자들'은 이 같은 종류의 진술들, 특히 바로 이 질문을 다룰 능력이 있다.

둘째로, 아직 미약한 수준에 있는 인공 두뇌 정보 이론은 중요한 것을 결정적으로 놓치고 있다. 그것은 다름 아니라 내가 이미 주의를 환기시켰던 사회의 게임적 측면이다. 사회를 이루고 있는 원자들은 화용적 관계(relations pragmatiques)의 교차로에 놓여 있지만 또한 끝없이 운동하며 자신들을 통과하는 메시지들에 의해 치환되기도 한다. 언어 게임의 개별 참여자는 자신과 관계된 하나의 '수'가 놓이는 순간 '치환(déplacement)'된다. 다시 말해 그는 수신자와 지시 대상으로서의 능력뿐 아니라 발신자로서의 능력에도 영향을 미치는 일종의 변화를 겪게 된다. 이들 '수'는 반드시 '상대 수(contre-coup)'를 불러오는데, 게임 참가자는 그저 대응만 하는 상대 수란 '좋은' 수가 못 된다는 사실을 누구나 알고 있다. 대응만 하는 상대 수는 상대방의 전략에 이미 프로그램되어 있으므로 상대의 계략에 말려들어 권력의 균형에 아무런 영향도 미치지 못한다. 게임에서 치환을 늘리면서 뜻밖의 '수'(새로운 진술)를 두는 쪽으로 방향을 바꾸는 것이 중요한 이유가 바로 이것이다.

어떤 규모에서든 사회관계를 이런 식으로 이해하자면 소통 이론만 필요한 게 아니라 경기를 근본 원리로 받아들이는 게임 이론도 필요하다. 이런 맥락에서 새로움의 필수 요소가 단순한 '혁신'만이 아니라는 점을 쉽게 이해할 수 있다. 우리는 언어학자나 언어 철학자들 외에도 많은 현대 사회학자들의 작업에서 이런 접근법을 옹호하는 입장을 찾아볼 수 있다.[9]

---

9 예를 들어 Erving Goffman, *The Presentation of Self in Everyday Life* (Garden City, N. Y.: Doubleday, 1959); Gouldner, *The Coming Crisis*(주 37), 10장; Alain Touraine et al., *Lutte étudiante*(Paris: Seuil, 1978); M. Callon, "Sociologie des techniques?", *Pandore 2*(February 1979), pp. 28~32; Watzlawick et al., *Pragmatics of Human Communication*(주 11).

이처럼 사회적인 것을 유동적인 언어 게임망으로 '원자화'하는 설명은 관료제적 마비[10]를 앓고 있는 것으로 묘사되는 현대적 현실과 동떨어져 보일 수도 있겠다. 최소한 특정 제도의 무게가 언어 게임에 제약을 가하고 있으며, 따라서 게임 참가자의 창의성을 억제한다고 반박할 수도 있다. 하지만 이 문제는 특별히 어렵지 않게 설명할 수 있다.

이를테면 두 친구 간의 대화와 같은 일상적인 담론 사용에서, 대화 참가자는 가능한 모든 공격 수단을 동원해 하나의 발화에서 다음 발화로 넘어가면서 게임을 변화시킬 수 있다. 예를 들어 질문, 요청, 주장, 서사 등을 뒤섞어 싸움에 나설 수 있다. 싸움에 규칙이 없지는 않지만[11] 그 규칙들은 발화의 유동성을 최대한 허락하고 조장한다.

---

10 4장의 주 5를 볼 것. 현대 사회의 미래가 전면적인 관료제로 나아갈 것이라는 주제는 Rizzi가 처음으로 제시했다. B. Rizzi, *La bureaucratisation du monde* (Paris: B. Rizzi, 1939).

11 H. P. Grice, "Logic and Conversation" in Peter Cole and Jeremy Morgan, eds., *Speech Acts III*, *Syntax and Semantics*(New York: Academic Press, 1975), pp. 59~82 참조.

이런 관점에서 보면 제도는 언제나 어떤 진술을 그 울타리 속으로 받아들일 수 있게 하기 위한 보충적 제약들을 요구한다는 점에서 대화와 다르다. 이 제약은 담론의 잠재적 힘을 걸러 내고 소통망에서 일어날 수 있는 발화의 결합을 차단한다. 말해서는 안 되는 것들이 있다는 말이다. 또 이 제약은 특정 부류(때로는 단 하나의 부류)의 진술에 특권을 준다. 이런 진술의 우세는 특정 제도의 담론을 특징짓는다. 말해져야 하는 것들이 있고 말하는 방식들이 있는 것이다. 그러므로 군대에선 명령, 교회에선 기도, 학교에선 지시, 가족에선 서사, 철학에선 질문, 그리고 사업에선 수행성 진술이 일어난다. 관료화는 이런 경향의 외곽 한계선이다.

그러나 제도에 대한 이 같은 가설마저도 실은 너무 '비실제적'이다. 이 가설은 제도화된 것들을 과도하게 '물화시키는(chosiste)' 관점에서 출발하고 있기 때문이다. 오늘날 우리는 제도가 잠재적인 언어적 '수'에 가하는 제한이 (비록 공식적으로 정의되곤 하지만) 단번에 영구적으로 정착되지는 않는다는 사실을 알고 있다.[12] 오히려 제한 자체가 제도의 안팎에서 행해지는 언어 전략의 판돈이자 잠정적 결과이다. 예를 들어 보자. 대학은 언어 실험(시학)의 장소를 가지고 있는가? 당신은 내각 회의에서 이야기를 할 수 있는가? 병영에서 하나의 대의를 옹호할 수 있는가? 대답은 명백하다. 물론 대학이 창작 워크숍을 열면 가능하다. 물론 내각이 장래의 시나리오를 가지고 일한다면 가능하다. 물론 낡은 제도의 한계가 바뀌면 가능하다.[13] 반대로 게임의 판돈이기를 그칠 때 경계선들이 안정될 뿐이라고 말할 수도 있다.

이상이 현대의 여러 지식 제도에 접근하는 적절한 방법이라고 나는 생각한다.

---

12 이 문제에 대한 현상학적 접근에 관해서는 Maurice Merleau-Ponty, ed., Claude Lefort, *Résumés de cours*(Paris: Gallimard, 1968), 1954~1955 강의안을 볼 것. 사회심리학적 접근은 R. Loureau, *L'Analyse institutionnelle*(Paris: Éditions de Minuit, 1970) 참조.

13 M. Callon, "Sociologie des techniques?", p. 30. "사회학적인 것(sociologique)이란 이를 통해 관련자들이 사회적인 것과 비사회적인 것, 기술적인 것과 비기술적인 것, 상상적인 것과 실재적인 것 사이의 차이나 경계를 구성하고 제도화하는 운동이다. 그러한 경계의 윤곽에 대해서는 논쟁의 여지가 있다. 완전한 지배의 경우를 제외하면 어떠한 합의도 이루어질 수 없다." 이를 Alain Touraine이 *La voix et le regard*에서 영원한 사회학(sociologie permanente)이라 부른 것과 비교해 보라.

6 서사 지식의 화용법

1장에서 나는 가장 고도로 발전한 사회에서 도구적 지식 개념을 무비판적으로 수용하는 데 대해 두 가지 반론을 제기했다. 지식은 과학과 똑같지 않으며 현대적 지식 형태는 더욱 그렇다. 다음으로, 과학은 자신의 정당성 문제를 감추는 데 성공하기는커녕 오히려 모든 측면에서 정당성에 관한 문제 제기를 피할 수가 없다. 이 정당성 문제는 인식론적인 동시에 사회 정치적이다. '서사' 지식의 성격을 분석하는 데에서부터 논의를 시작해 보자. 비교의 관점을 제시함으로써 우리의 검토는 현대 사회에서 과학 지식이 취하고 있는 최소한 몇 가지 형식적 특징들을 밝혀 줄 것이다. 게다가 그것은 오늘날 정당성의 문제가 어떻게 제기되고 있거나 제기되지 못하고 있는지 이해하는 데 도움을 줄 것이다.

지식(savoir) 일반은 과학으로, 심지어 인식(connai-ssance)으로도 환원될 수 없다. 인식은 다른 모든 진술들을 배제한 채 대상들을 지시하거나 기술하며, 참 또는 거짓이라고 말할 수 있는 진술들의 집합이다.[1] 과학은 인식의 부분 집합이다. 과학도 지시적 진술들로 구성되어 있지만 그 수용에는 두 가지 보조적 조건을 필요로 한다. 첫째, 지시적 진술이 지칭하는 대상은 반복적으로 접근할 수 있어야 한다. 다시 말해 지시 대상은 명백한 관찰 조건 아래에서 우리가 접근할 수 있어야 한다. 둘째, 주어진 진술이 전문가들이 적절하다고 판단한 언어

---

1 아리스토텔레스에게 있어서 지식의 대상은 그가 명제론(apophantique)이라 정의한 것에 의해 엄격하게 제한된다. "모든 문장에는 의미(sémantikos)가 있지만 …… 모든 문장들이 전부 명제(apophantikos)라 불릴 수는 없다. 우리는 진위를 포함하고 있는 문장만 명제라 부른다. 예를 들어 기도는 문장이지만 진위 어느 것도 포함하고 있지 않다." "De Interpretatione", 4, 17a, *The Organon*, vol. 1, trans., Harold Cooke and Hugh Tredennick(Cambridge, Mass.: Harvard, 1938), p. 121.(*connaissance*를 늘 'learning'으로 번역할 수는 없다. 간혹 'knowledge'로 번역하는 것도 (특히 복수로 쓰여 있을 때) 필요하다. 그것이 *connaissance*(리오타르적 의미에서는 기존의 확립된 지시적 진술의 집합)의 문제인지 *savoir*(보다 일반적 의미의 지식)의 문제인지는 문맥에 따라 분명해져야 한다. savoir는 일률적으로 '지식(knowledge)'으로 번역되었다―영역자 주)

에 맞는지의 여부를 우리가 판단할 수 있어야 한다.[2]

　　그러나 지식이라는 용어가 의미하는 것은 지시적 진술의 집합만이 아니라 그보다 훨씬 많다. 그것에는 '노하우(savoir-faire)', '살아가는 방법(savoir-vivre)', '듣는 법(savoir-écouter)' 등도 포함된다. 그러므로 지식은 단지 진리 기준을 결정하고 적용하는 것을 넘어 효율성(기술적 자질), 정의와 행복(윤리적 지혜), 소리나 색깔의 아름다움(청각적·시각적 감수성) 등의 기준을 결정하고 적용하는 능력에까지 이르는 문제이다. 이렇게 이해할 경우 지식이란 어떤 사람으로 하여금 '좋은' 지시적 발화만이 아니라 '좋은' 규범적 발화와 '좋은' 평가적 발화도 할 수 있도록 해 주는 것이다. 지식은 다른 모든 것을 제외한 하나의 특수한 진술 범주(예컨대 인식적인 것들)에만 연관된 자질이 아니다. 오히려 지식은 가능한 여러 가지 담론 대상, 즉 인식, 결정, 평가, 변형되는 다양한

2　Karl Popper, *Logik der Forschung*(Wien: Springer, 1935)(Eng. trans., Popper et al., *The Logic of Scientific Discovery*(New York: Basic Books, 1949)), 그리고 "Normal Science and Its Dangers", Imre Lakatos and Alan Musgrave, eds., *Criticism and the Growth of Knowledge*(Cambridge: Cambridge University Press, 1970) 참조.

대상들과의 관계에서 '좋은' 수행을 가능케 해 준다. 여기에서 지식의 중요한 특징 하나가 나온다. 지식은 일련의 광범한 능력 형성 수단들과 일치하며 다양한 능력 분야들로 구성된 주제에 구현된 유일한 형식이다.

　우리가 특히 주목해야 할 또 하나의 특징은 이런 종류의 지식과 관습의 관계이다. 무엇이 '좋은' 규범적, 평가적 발화이며 지시적, 기술적 문제에서 '좋은' 수행이란 어떤 것인가? 이 모든 것들은 '인식자들'의 사회 집단에서 받아들여진 적절한 기준(각각 정의, 아름다움, 진리, 효율성 등의 기준)에 맞기 때문에 '좋은' 것이라고 판단된다. 초기의 철학자들은 이런 정당화 진술 양식들을 의견(opinion)이라 불렀다.[3] 한 국민의 문화를 형성하는 것은 그런 지식의 경계를 정하고 아는 사람과 모르는 사람(외국인이나 어린아이)의 구분을 가능하도록 해 주는 합의이다.[4]

3　Jean Beaufret, *Le poème de Parménide*(Paris: Presses Universitaires de France, 1955) 참조.
4　문화주의에서 생각하는 것과 같은 *Bildung*(혹은 영어식으로는 'culture')의 의미로, 이 말은 전낭만적이거나 낭만적이다. 헤겔의 민족정신(Volksgeist)과 비교할 것.

교육과 문화의 노정에서 지식이 무엇일 수 있는지
에 관해 이처럼 간략하게 생각하다 보면 자연히 지식의
정당화에 대한 민족지학적 묘사에 관심을 갖게 된다.[5]
실제로 급속히 발전하는 사회를 연구 대상으로 하는 인
류학적 연구와 문헌들에 따르면 그런 사회의 최소한 몇
몇 영역에서 이런 유형의 지식이 살아남아 있음을 확인
할 수 있다.[6] 발전이라는 관념 자체는 미발전의 지평을
전제한다. 미발전의 지평에서는 행위 능력의 다양한 영
역이 전통의 통일성에 싸여 있을 뿐 특수한 혁신, 논쟁,
연구에 따르는 개별 자질에 의해 변별되지 않는다. 이
같은 대립이 반드시 '원시적' 인간과 '문명화된' 인간[7]
의 성격이 다르다는 것을 의미하지는 않으며 '미개한
정신'과 과학적 사유[8]의 형식적 동일성을 상정하는 전

5　미국 문화주의학파의 연구에 관해서는 Cora DuBois, Abram Kardiner,
Ralph Linton, Margaret Mead 참조.

6　18세기 말부터 낭만주의와의 관계 속에서 유럽의 민속 전통 제도들을 연구
한 흐름들, 예를 들어 Grimm 형제들과 Vuk Karadic의 연구(세르비아 민요)를
보라.

7　간단히 말해 이는 *La mentalité primitive*(Paris: Alcan, 1922)(Eng. trans.,
Lillian Clare, *Primitive Mentality*(New York: Macmillan, 1923))에서 개진된
Lucien Lévy-Bruhl의 명제이다.

제와 모순되지도 않는다. 또 이것은 심지어 겉보기와 반대로 전통적 지식이 현대의 능력 분화보다 더 우월하다는 전제와도 모순되지 않다.[9]

전통적 지식 상태와 과학 시대의 지식 상태 간의 거리를 과장해서 이해하기 위해 어떤 가설을 제시하건 간에, 모든 연구들이 동의하는 하나의 지점은 있다. 그것은 바로 전통적 지식을 형성하는 데 서사 형식이 뚜렷한 역할을 했다는 사실이다. 서사 형식을 그 자체로[10] 연구하는 사람도 있고, 그것이 해당 지식을 적절히 구성하는 구조적 작동 인자들의 통시적 외피라고 보는 사람도 있다.[11] 또 여기에다 프로이트적 의미의 '경제적'

---

8 Claude Lévi-Strauss, *La pensée sauvage*(Paris: Plon, 1962)(Eng. trans., *The Savage Mind*(Chicago, University of Chicago, 1966)).

9 Robert Jaulin, *La paix blanche*(Paris: Seuil, 1970).

10 Vladimir Propp, *Morphology of the Folktale*, trans., Laurence Scott with intro. by Suatana Pirkora-Jakobson(Publications of the American Folklore Society, Bibliographical and Special Series, no. 9(Bloomington, Ind., 1958)); 2d ed. rev.(Austin, Tex: University of Texas Press, 1968).

11 Claude Lévi-Strauss, "La structure des Mythes"(1955), *Anthropologie structurale*(Paris: Plon, 1958)(Eng. trans., Claire Jacobson and Brooke Grundfest Schoepf, *Structural Anthropology*(New York: Basic Books, 1963)), 그리고 "La structure et la forme. Réflexions sur un ouvrage de Vladimir Propp", *Cahiers de l'Institut de science èconomique appliquèe*, 99, series M,

82

해석을 가하는 사람도 있다.[12] 여기에서 중요한 것은 그 형식이 서사라는 사실이다. 서사는 여러 가지 의미에서 전통적 지식의 가장 핵심적인 형식이다.

첫째, 민담 자체가 긍정적 또는 부정적 교육이라고 부를 만한 것들을 이야기하고 있다. 다시 말해 민담은 주인공의 활동이 도달하는 성공과 실패를 이야기한다. 이 성공과 실패의 이야기는 사회 제도에 정당성을 부여하거나(신화의 기능), 기존 제도(전설과 동화)로의 긍정적 또는 부정적 편입 모델(성공한 주인공이나 성공하지 못한 주인공)을 제시한다. 그러므로 서사는 그것이 이야기되는 사회로 하여금 한편으로는 스스로의 능력 기준을 정의할 수 있게 해 주며, 다른 한편으로는 수행되거나 수행될 수 있는 행위들을 그 기준에 따라 평가할 수 있게 해

7(1960)(Eng. trans., Claude Lévi-Strauss, *Structural Anthropology II*, trans., Monique Layton(New York: Basic Books, 1976). 이 글은 또 Vladimir Propp, *Theory and History of Folklore*, trans., Ariadna and Richard Martin, intro. by Anatoly Liberman, *Theory and History of Literature*, vol. 5(Minneapolis: University of Minnesota Press, forthcoming)에도 실릴 것이다.)

12   Geza Róheim, *Psychoanalysis and Anthropology*(New York: International Universities Press, 1959).

준다.

둘째, 서사 형식은 발전된 지식 담론 형식들과 달리 그 자체가 여러 가지 언어 게임을 허용한다. 예컨대 하늘, 식물, 동물 등의 상태를 가리키는 지시적 진술들이 쉽게 끼어들 수도 있다. 그런 지시 대상들만이 아니라 친족, 남녀 차이, 어린이, 이웃, 외국인 등등과 관련하여 무엇을 해야 하는지를 규정하는 의무적 진술들도 끼어들 수 있다. 예컨대 도전(하나의 질문에 답하라, 여러 가지 것들 중 하나를 골라라.)이 포함된 일화 속에 심문형 진술이 포함될 수도 있으며 평가적 진술이 들어올 수도 있다. 그러므로 서사로부터 그 기준을 제공받으면서 적용되는 여러 가지 능력 분야들은 서사가 형성하는 그물망 속에 함께 꽉 짜여 있으며 이런 지식의 특징인 통일된 관점에 따라 배열된다.

세 번째 속성에 관해서는 다소 상세히 살펴보아야 하겠다. 그것은 서사의 전수에 관한 것이다. 서사는 대개 전수의 화용법을 규정하는 규칙들을 따른다. 내 말은 사회가 서사 이야기꾼의 역할을 나이, 성별, 가족, 직업 등 특정 범주에 근거해 제도적으로 부여한다는 뜻이 아니다. 내가 말하고자 하는 것은 이를테면 서사 자체에 내재된 민간 서사의 화용법이다. 예를 들어 카시나와족(cashinahua)[13] 이야기꾼은 언제나 하나의 고정된 공식으로 이야기를 시작한다. "무엇 무엇에 대한 이야기가 있다. 나는 언제나 그 이야기를 들어 왔는데, 이번에는 내가 여러분에게 그 이야기를 하겠다. 들어 보시라." 그러고는 역시 고정된 또 하나의 공식으로 이야기를 끝맺는다. "무엇 무엇에 대한 이야기는 여기에서 끝난다. 여러분에게 이 이야기를 해 준 사람은 누구누구(카시나와인의 이름)이다. 또는 백인들(스페인이나 포르투갈 사람 이름)에게 이 이야기를 해 준 사람은 누구누구이다."[14]

여기에서 잠시 살펴본 두 가지 화용적 전수법은 다음과 같은 사실을 보여 준다. 이야기를 잘할 수 있다고 이야기꾼이 자신의 능력을 주장하는 유일한 근거는 그 이야기를 자신도 옛날에 들었다는 사실이다. 이야기를 듣는 피서사자(narrataire)는 단지 이야기를 들음으로써

13 André M___ Ans, *Le dit des vrais hommes*(Paris: Union Générate d'Édition, 1978)___
14 위의 책, p. ___

6 서사 지식의 화용법

그와 똑같은 권위에 접근할 수 있다. 서사는 (서사 수행이 아주 창의적일 경우조차도) 원래 이야기에 충실하게 전달되었으며 '영원히' 이야기되어 왔다고 주장된다. 그러므로 주인공인 카시나와인은 한때 자신이 피서사자였던 바로 그 이야기의 서사자가 될 수도 있다. 이런 조건의 유사성은 현재 이야기를 하고 있는 서사자가 조상처럼 서사의 주인공이 될 수도 있는 가능성을 제공한다. 사실 그는 필연적으로 그런 주인공이 된다. 그가 이름을 가지고 있으며 자기 이야기 말미에 이름을 넘겨주기 때문이다. 그 이름은 아버지의 이름을 따라 짓는 카시나와 부족의 정당화 서사 정전에 맞추어 그에게 주어졌던 것이다.

물론 이 예가 보여 주는 화용 규칙이 보편화될 수는 없다.[15] 그렇지만 이 예는 일반적으로 인정된 전통적 지식의 속성에 관한 하나의 통찰을 보여 준다. 서사의 '지위'(발신자, 수신자, 주인공)는 발신자의 지위 획득만이 다

---

15 내가 여기에서 이것을 활용한 까닭은 서사의 전달을 둘러싼 화용적 '예의' 때문이다. 인류학자들은 이것을 아주 자세히 이야기한다. Pierre Clastres, *Le grand Parler: Mythes et chants sacrés des Indiens Guarans*(Paris: Seuil, 1972) 참조.

음 두 가지 기초를 받아들이도록 조직되어 있다. 그것은 수신자의 지위를 이미 확보했다는 사실과 자신의 이름에 의해 또는 그 이전의 서사에 의해 자신도 이야기를 했다는 사실, 다시 말해 그 자신이 다른 서사 사건들의 서술된 대상으로 위치 지어졌다는 사실에 기초해 있다.[16] 이렇듯 서사로 전달된 지식은 결코 언명의 기능에서 멈추지 않는다. 그것은 상대방이 들을 수 있게 하려면 무엇을 말해야 하는지, 말하기 위해서는 무엇을 들어야 하는지, 그리고 서사의 대상이 되려면 (서술적 현실의 무대에서) 어떤 역할을 해야 하는지 등을 일거에 결정한다.

이 지식 형태에 적절한 언어 행위들[17]은 그러므로 화자뿐 아니라 지시되는 제3자와 수신자에 의해서도 수행된다. 내가 '발달된' 지식이라고 불렀던 것과 비교해 보면 이런 장치들에서 나오는 지식은 '응축된(compact)'

---

16 화용적 차원을 다룬 서사학에 대해서는 Gérard Genette, *Figures III*(Paris: Seuil, 1972)(Eng. trans., Jane E. Lewin, *Narrative Discourse*(New York: Cornell University Press, 1980)) 참조.
17 3장의 주 7 참조.

것으로 보일 수도 있다. 우리가 든 예를 살펴보면 하나의 서사적 전통은 또한 세 겹의 능력('노하우', '말하는 법을 아는 것', '듣는 법을 아는 것')을 정의하는 기준의 전통이기도 하다. 그리고 이 기준을 통해 공동체가 자신이나 환경과 맺는 관계가 작동한다. 이들 서사를 통해 전달되는 것은 사회적 유대를 이루고 있는 화용 규칙의 집합이다.

우리가 자세히 검토해야 할 서사 지식의 네 번째 측면은 시간에 대한 서사의 효과이다. 서사 형식은 하나의 리듬을 따르고 있다. 이 리듬은 규칙적인 주기로 박자를 맞추는 운율과 특정 주기의 길이와 폭을 변화시키는 강세의 종합이다.[18] 서사의 이런 진동하는 음악적 속성은 카시나와 이야기의 제의적 수행에서 잘 드러난다. 그것은 통과 의례에서 철저히 고정된 형식으로, 그리고 어휘적, 통사적 변화를 거침으로써 의미는 모호해진 언어로 다음 세대로 전달된다. 그것은 끝없이 단조로운 노래로

---

18 리듬을 구성하기도 해체하기도 하는 운율과 강세의 관계가 사유에 관한 헤겔의 생각의 중심에 놓여 있다.(『정신현상학』 서문 4부 참조)

불린다.[19] 그것은 전수를 받는 젊은 남녀 수신자들에게 조차 이해가 되지 않는 이상한 종류의 지식이라고까지 말할 수 있겠다!

그렇지만 이런 종류의 지식은 아주 흔하다. 자장가도 이런 형태이며 현대 음악의 반복적 형식도 이것을 되찾거나 적어도 이것에 가까이 가려고 애써 왔다. 이런 사실은 놀라운 특징 하나를 보여 준다. 음(구두이든 아니든)을 만드는 데 운율이 강세를 압도하게 되면 시간은 기억을 돕기를 멈추고 태곳적의 박자가 된다. 이 박자는 주기 사이의 두드러진 구분을 없애서 주기가 계측되지 못하게 하며 주기를 망각 속으로 넘겨준다.[20] 격언, 속담, 경구의 형식을 생각해 보라. 이것들은 잠재적 서사의 작은 파편들이나 낡은 서사의 금형들처럼 현대 사회 조직의 어떤 차원들을 계속해서 떠돌고 있다. 그런 작시법에서 우리는 "망각하지 말지어다."라는 우리 지식의 금

---

19 친절하게도 내게 이 정보를 가르쳐 준 André M. d'Ans에게 감사드린다.
20 *Le temps de la voix*(Paris: Delarge, 1978)에 나와 있는 Daniel Charles의 분석과 *L'appareil musical*(Paris: Union Générale d'Édition, 1978)의 Dominique Avron의 분석을 볼 것.

과옥조를 거스르는 이상한 시간 구획을 인식하게 된다.

그러니 서사 지식의 이런 치명적 기능과 앞서 말한 사회 조절과 능력 영역들의 통합 및 기준 형성 기능들 사이에 서로 합치되는 면이 있을 것이다. 개략적인 가정을 통해 우리는 예상했던 것과 달리 서사를 능력의 주된 형식으로 삼는 집단은 자신의 과거를 기억할 필요가 없다는 가설을 세울 수 있다. 이러한 집단은 사회적 유대의 재료를 그 집단이 이야기하는 서사의 의미만이 아니라 서사를 암송하는 행위에서도 찾을 수 있다. 서사의 지시 대상은 과거에 속하는 것처럼 보이지만 실은 언제나 암송 행위와 동시에 존재한다. 서사가 일어날 때 "내가 들었노라."와 "여러분에게 이야기하겠노라." 사이 공간을 점하는 찰나의 순간 속에 배열되는 것이 현재의 행위이다.

이런 유형의 서사가 갖는 화용 규칙에서 중요한 것은 그것이 각각 이야기된 서사들 간의 이론적 동일성을 보여 준다는 점이다. 사실은 그렇지 않을 수도 있고 또 종종 그렇지 않은 경우도 있다. 또 이러한 서사 예법이 불러일으키는 두드러지게 눈에 띄는 유머나 불안의 요소를 완전히 무시해서도 안 된다. 그래도 강조되어야 할 것은 개별 서사 수행의 강세 차이가 아니라 서사 운율의 박자라는 사실은 고스란히 남는다. 이런 서사의 시간 양식이 찰나적이면서도 태곳적부터 내려왔다고 말할 수 있는 것은 바로 이 같은 의미에서이다.[21]

　　마지막으로 서사 형식을 우선시하는 문화는 과거를 기억할 필요가 없는 것처럼 그 문화의 서사에 권위를 부여하는 특수한 절차도 전혀 필요로 하지 않는다. 서사 화용법에서 특권적 지위를 갖도록 서사자의 지위를 우선 다른 것에서 분리시킨 뒤, 그다음에 이야기를 하려면 그 서사자(그렇게 해서 피서사자와 서사에서 유리된 사람)가 어떤 권리를 가져야 하는지 연구하고, 마지막으로 자체의 정당성을 분석하고 회상해 보는 그런 사회를 상상하기는 힘들다. 서사에 대한 권위를 어떤 이해할 수 없는 서사 주체에게 양도하는 사회를 상상하기는 더욱 힘들다. 서사 자체가 이런 권위를 가지고 있다. 어떤 면

---

21 Mircea Eliade, *Le mythe de l'éternel retour: Archétypes et répétitions*(Paris: Gallimard, 1949)(Eng. trans., Willard R. Trask, *The Myth of the Eternal Return*(New York: Pantheon Books, 1954)) 참조.

　　　　　　　　　　　　　　　6 서사 지식의 화용법

에서 사람들은 서사를 실행하는 존재일 뿐이다. 다시 말해 사람들은 이야기함으로써 서사를 실행할 뿐 아니라 서사를 듣고 또 서사를 통해 자신들의 이야기를 함으로써 서사를 실행한다. 말하자면 사람들은 제도 속의 '게임'에 서사를 위치시키고 자기 자신을 서사자의 지위뿐 아니라 피서사자와 서사의 위치에도 놓이게 함으로써 서사를 실행한다.

그러므로 직접 정당화를 제공하는 민간 서사의 화용법과 정당성에 대한 질문으로 서양에 알려진 언어 게임(또는 연구 게임에서 지시 대상으로서의 정당성 문제로 서양에 알려진 언어 게임) 사이에는 통약 불가능성(incommensurabilité)이 존재한다. 살펴본 것처럼 서사는 능력의 기준을 결정하는 동시에 서사가 어떻게 적용되어야 하는지를 보여 준다. 서사는 그러므로 어떤 문화에서 무엇이 말해지고 행해질 수 있는 권리를 가졌는지 결정한다. 또 서사 자신이 그 문화의 일부이기 때문에 서사는 스스로가 하고 있는 일을 한다는 단순한 사실에 의해 정당화된다.

ㄱ 과학 지식의 화용법

요약 차원에서나마 과학 지식의 화용법에 대한 고전적 개념을 기술해 보기로 하자. 그 과정에서 우리는 연구 (enseignement) 게임과 교수(recherche) 게임을 구별하게 될 것이다.

코페르니쿠스는 행성의 행로가 둥글다고 말했다.[1] 진실이든 거짓이든 이 명제 속엔 일련의 장력이 들어 있다. 이 장력은 이 명제가 작동시키는 각각의 화용적 지위, 즉 발신자, 수신자, 지시 대상에 영향을 미친다.

---

1 이 예는 Frege, "Über Sinn und Bedeutung"(1892)(Eng. trans., Max Black and Peter Geach, "On Sense and Reference", *Translations from the Philosophical Writings of Gottlob Frege*(Oxford: Blackwell, 1960))에서 빌려 온 것이다.

이 '장력'들은 '과학적인' 진술로서의 수용성 여부를 규제하는 규범의 범주들이다.

첫째, 발신자는 행성의 행로라는 지시 대상에 관해 진실을 말해야 한다. 이것은 무슨 의미인가? 한편으로는 발신자가 말한 사실에 증거를 제시할 수 있어야 한다는 의미이고, 다른 한편으로는 똑같은 지시 대상에 관한 반대 진술 또는 모순 진술들을 반박할 수 있어야 한다는 의미이다.

둘째, 수신자가 듣고 있는 진술에 대해 정당하게 찬성을 표하거나 반박하는 일이 가능해야 한다. 이 말은 찬성을 표하거나 반론을 제기할 때 코페르니쿠스의 경우와 동일하게 (증거나 반박의) 이중적 요건을 충족시켜야 한다는 점에서 수신자 역시 잠재적 발신자라는 의미이다. 수신자는 그러므로 코페르니쿠스와 동일한 자질을 잠재적으로 갖추고 있어야 한다. 그는 코페르니쿠스와 대등한 사람이다. 그러나 이 점은 수신자 자신이 말을 할 때, 그리고 위에서 말한 조건 아래에서만 드러난다. 그러기 전에는 그가 과학자인지 아닌지 말할 수 없다.

셋째, 코페르니쿠스가 말한 지시 대상(행성의 행로)

은 그의 진술에 의해 실제 사실과 부합되도록 '표현되어야' 한다. 그러나 실제 사실은 코페르니쿠스의 진술과 똑같은 질서의 진술을 통해서만 알 수 있으므로 그 충족 규칙이 문제가 된다. 내가 하는 말은 내가 그렇다는 것을 증명하기 때문에 진리이다. 하지만 내가 증명한 것이 진리라는 증거는 어디에 있는가?

이 난제를 푸는 과학적 해결책은 두 가지 규칙을 준수하는 데 있다. 첫 번째 규칙은 변증법적이거나 아니면 변론적이라는 의미에서 수사적이다.[2] 지시 대상은 증명이 가능하고 토론에서 증거로 활용될 수 있다. 현실이 내가 말하는 대로이기 때문에 내가 어떤 것을 증명할 수 있는 것은 아니다. 오히려 내가 증거를 제시할 수 있는 한에 있어서 현실은 내가 말하는 대로라고 생각할 수 있다.[3] 두 번째 규칙은 형이상학적인 것이다. 똑같은 지시 대상이 모순된 증거 또는 일관성이 없는 다양한

---

2   Bruno Latour and Paolo Fabbri, "Rhétorique de la science", *Actes de la recherche en sciences sociales* 13(1977), pp. 81~95.

3   Gaston Bachelard, *Le nouvel esprit scientifique* (Paris: Presses Universitaires de France, 1934).

증거들에 적용될 수는 없다. 달리 말하면 '신'은 속이지 않는다.[4]

이 두 가지 규칙이 19세기 과학이 검증(vérification)이라고 부르는 것과 20세기 과학이 반증(falsification)이라고 부르는 것을 떠받치고 있다.[5] 이 규칙들이 합의의 지평을 두 상대자(발신자와 수신자) 간의 논쟁으로 옮겨 놓는다. 합의가 언제나 진리성의 표식은 아니다. 하지만 진술의 진리성은 필연적으로 합의를 도출한다.

이상이 연구에 관한 것이다. 연구가 자신의 필수 보충물의 하나로 교육에 호소하는 것은 분명하다. 과학자들은 미래에 발신자가 될 수신자를 필요로 한다. 상대자가 필요한 것이다. 그렇지 않으면 필요한 기술의 재생산이 불가능해져서 마침내 없어서는 안 될 모순되는 논쟁이 종식되기 때문에 자기 진술을 검증하는 것도 불가능해진다. 이 논쟁에서 문제가 되는 것은 과학자의 진술의 진리만이 아니라 그의 능력도 포함된다. 과학자의 능

---

4 Descartes, *Méditations métaphysiques*(1641), Méditation 4.
5 예를 들어 Karl G. Hempel, *Philosophy of Natural Science*(Englewood Cliffs, N. J.: Prentice-Hall, 1966) 참조.

력은 결코 확정된 사실이 아니다. 그것은 제시된 진술이 동료들에 의해 일련의 논증과 반박 과정 속에서 토론될 만한 가치가 있는가 없는가 여부에 달려 있다. 진술의 진리와 그 진술 발신자의 능력은 그러므로 동등한 기초 위에서 자질을 갖춘 집단의 집단적 동의 여부에 달려 있다. 동등한 사람들이 필요하며 창출되어야 한다.

교수법은 이와 같은 동료의 재생산을 보장한다. 그 것은 변증법적인 연구 게임과는 다르다. 간단히 말해서 교수법의 첫 번째 전제는 수신자인 학생이 발신자가 알고 있는 것을 알지 못한다는 사실이다. 이것이 바로 학생이 뭔가 배울 게 있다는 확실한 이유이다. 교수법의 두 번째 전제는 학생이 발신자가 알고 있는 것을 배울 수 있으며 선생과 동등한 능력의 전문가가 될 수 있어야 한다는 사실이다.[6] 필수적인 이 두 전제에서 세 번째 전제가 나온다. 세 번째 전제는 연구의 화용법을 구성하는 논증의 교환과 증거의 생산이 이미 충분히 이루어졌

---

6 여기에서 이런 이중적 전제에 의해 제기되는 어려움을 논의할 지면은 없다. Vincent Descombes, *L'inconscient malgré lui*(Paris: Éditions de Minuit, 1977) 참조.

다고 간주되는 진술들이 존재하며, 따라서 이런 진술들은 반박할 수 없는 진리의 가면을 쓰고 교육을 통해 그대로 전달될 수 있어야 한다는 것이다.

다시 얘기하자면 인간은 자신이 아는 것을 가르친다. 그것이 전문가이다. 하지만 학생(교수 과정의 수신자)의 능력이 향상되면 전문가는 자신이 현재 알지는 못하지만 알려고 노력하고 있는 것에 대해서도 (최소한 그 전문가 역시 연구에 참가하고 있을 때) 학생에게 털어놓을 수 있다. 이런 식으로 학생은 연구의 변증법, 즉 과학 지식의 생산 게임 속으로 들어서게 된다.

과학의 화용법과 서사 지식을 비교해 보면 우리는 다음과 같은 속성을 확인하게 된다.

1) 과학 지식은 지시적 게임이라는 단 하나의 언어 게임만 유지하고 다른 모든 게임들은 배제할 것을 요구한다. 진술의 진리치는 그 진술의 수용성을 결정하는 기준이다. 물론 우리는 질문("그 사실을 어떻게 설명할 수 있겠는가?")이나 명령("원소들의 유한수열을 구하라.")과 같은 다른 종류의 진술 범주들도 발견한다. 하지만 이런 진술들

은 지시적 진술로 끝나야만 하는 변증법적 논증에서 단지 하나의 전환점으로만 존재할 뿐이다.[7] 그러므로 이런 문맥에서 보면 어떤 사람이 지시 대상에 대해 진리 진술을 생산할 수 있으면 '배운' 것이 되고, 전문가들이 접근할 수 있는 지시 대상을 검증하거나 반증하는 진술을 생산할 수 있으면 과학자가 된다.

2) 이런 점에서 과학 지식은 사회적 유대 형성을 위해 결합하는 언어 게임과는 거리가 멀다. 서사 지식과 달리 과학 지식은 더 이상 직접적으로 공유되는 사회적 유대의 구성 요소가 아니다. 그럼에도 과학 지식은 간접적으로는 사회적 유대를 구성하는 요소이다. 그것은 과학 지식이 전문 직업으로 발전하여 제도를 탄생시키기 때문이며, 현대 사회에서는 유능한 당사자들(전문 직종)에 의해 운영되는 제도의 형식 속으로 언어 게임 자체가 통합되어 들어오기 때문이다. 지식과 사회(말하자

7　이러한 진술은 서사를 검토하는 데에서 발생하는 핵심적 난제인 언어 게임과 담론 게임 간의 구별을 회피하고 있다. 나는 여기에서 그것을 자세히 다루지는 않겠다.

면 전문 능력을 갖는 과학자들을 배제한 일반 게임법상의 상대자들의 전체)의 관계는 서로 외재적인 관계가 된다. 여기에서 하나의 문제가 발생한다. 그것은 과학 제도와 사회의 관계에 관한 것이다. 이 문제가 교수법에 의해, 예를 들면 어떤 사회적 원자도 과학적 능력을 획득할 수 있다는 전제에 의해 해결될 수 있을까?

3) 연구 게임의 범위 내에서 요구되는 능력은 발신자의 지위에만 관계된다. 수신자에게는 특수한 능력이 요구되지 않는다. (이는 교수법에서만 요구된다. 학생은 명석해야 하니까.) 지시 대상에게 요구되는 능력도 없다. 인간의 행위 측면을 지시 대상으로 하는 인문과학의 경우에도 지시 대상은 원칙상 과학적 변증법에 참가하는 당사자들 바깥에 있다. 여기에서 인간은 서사 게임에서와 달리 지식이 자신에 대해 말하는 대로 되려면 어떻게 해야 하는지를 알 필요가 없다.

4) 과학 진술은 보고된다는 사실로 인해 타당성을 획득하지는 못한다. 심지어 교육학의 경우에도 과학 진

술은 논증과 증거를 통해 여전히 현재에도 검증되어야만 가르쳐진다. 과학 진술은 그 자체로는 결코 '반증'으로부터 안전할 수 없다.[8] 이미 수용된 진술의 형태로 축적된 지식은 언제라도 도전받을 수 있다. 하지만 반대로 동일한 지시 대상에 관해 예전에 이미 인정되었던 진술과 모순되는 새로운 진술도 논증과 증거를 제시함으로써 예전의 진술을 반박할 수 있어야만 타당한 것으로 인정된다.

5) 그러므로 과학 게임은 통시적 시간성, 즉 하나의 기억과 하나의 기획을 포함한다. 현재 과학 진술을 발신하는 사람은 그 진술의 지시 대상에 대한 과거의 진술들(참고 문헌)에 익숙해야 하며, 과거의 진술들과 다를 경우에만 그 주제에 관해 새로운 진술을 제시할 수 있다. 여기에서는 내가 개별 수행의 '강세'라 부른 것이, 그리고 똑같은 이유로 게임의 논쟁적 기능이라 부른 것이 '운율'보다 우선한다. 기억과 새로움의 추구를 전제

---

8 주 5에 지시된 의미로.

하는 이 같은 통시성은 원칙상 하나의 누적적 과정을 보여 준다. '리듬'은 변할 수 있다. 다시 말해 강세와 운율의 관계는 변할 수 있는 것이다.[9]

이상의 특성은 잘 알려져 있다. 그럼에도 이것들을 상기할 필요가 있는 것은 두 가지 이유 때문이다. 첫째, 과학 지식과 비과학적(서사적) 지식을 나란히 두고 비교해 보면 과학 지식의 존재가 서사 지식보다 더 우수하거나 필수적이지 않다는 사실을 이해하거나 최소한 느끼는 데 도움이 된다. 과학 지식과 서사 지식은 둘 다 일련의 진술 집합들로 이루어져 있다. 그 진술들은 일반적으로 적용 가능한 규칙들의 틀 내에서 게임 참가자들이 두는 '수들'이다. 그 규칙들은 각각의 특수한 지식 유형에 따라 고유하다. 우연히 그렇게 되는 경우가 아니면 한 유형의 지식에서 '좋은' 것으로 판단되는 '수'가 다른 유형의 지식에서 '좋은' 것으로 판단되는 수들과 똑

9   Thomas Kuhn, *The Structure of Scientific Revolutions*(Chicago: University of Chicago Press, 1962).

같은 유형일 수 없다.

그러므로 과학 지식의 기반 위에서 서사 지식의 존재나 타당성을 판단할 수는 없으며 그 반대도 불가능하다. 타당한 기준이 다른 것이다. 우리가 할 수 있는 일이라곤 다양한 종의 동식물을 보고 놀라듯이 담론의 다양한 종들을 경이롭게 바라보는 것뿐이다. 포스트모던 시대의 '의미 상실'에 대한 탄식은 지식이 원칙적으로 더 이상 서사가 아니라는 사실에 대한 애도로 요약된다. 그것은 자가당착이다. 과학 지식이 맹아 상태의 서사 지식을 포함하는 양, 서사 지식으로부터 (발전과 같은 작동 인자를 활용해서) 과학 지식을 추출하거나 싹틔우고자 애쓸 필요도 없다.

그럼에도 언어의 종들은 생물의 종들과 마찬가지로 상호 연관되어 있으며 이 연관은 조화와는 거리가 멀다. 과학적 언어 게임의 속성들에 대해 간략하게 살펴볼 필요가 있었던 두 번째 이유는 정확히 말하면 과학 지식과 서사 지식의 관계 때문이다. 서사 지식이 자신의 정당화 문제에 우선을 두지 않으며, 논증과 증거에 의존하지 않고 자신의 전달 화용법 속에서 스스로를 증명한다는 사실은 앞서 말했다. 서사 지식이 과학 담론의 문제를 이해하지 못하더라도 어느 정도 관용을 누리는 이유가 바로 이것이다. 서사 지식은 과학 담론을 기본적으로 서사 문화의 범주에 포함된 하나의 변종으로 취급한다.[10] 그 반대는 참이 아니다. 과학자는 서사적 진술의 타당성을 문제 삼으면서 서사적 진술이 논증과 증거에 적합하지 않다고 결론짓는다.[11] 과학자는 서사 진술들을 과학과 다른 정신 작용에 속하는 것으로 분류한다. 과학자에게 서사 진술은 야만적이거나 원시적이거나 미발달한 것이거나 후진적이거나 소외된 것이다. 서사 진술은 견해, 관습, 권위, 편견, 무지, 이데올로기 등으

---

10 어린아이들이 처음으로 과학적 교훈을 대하는 태도나 원주민들이 민족지학자들의 설명을 해석하는 방식과 비교해 볼 것.(Lévi-Strauss, *The Savage Mind*, 주 72, 1장 참조)

11 바로 이것이 Métraux가 Clastres에게 "원시 사회를 연구할 수 있으려면 어느 정도 퇴화해야 한다."라고 지적한 이유이다. 사실상 원주민 정보 제공자는 인류학자들의 눈을 통해 그 자신의 사회를 볼 수 있어야 한다. 그는 자신이 살고 있는 사회의 제도와 그 정당성에 의문을 제기할 수 있어야 한다. Clastres는 Aché 부족에 대한 자신의 실패를 반성하면서 다음과 같이 결론내린다. "결국 Aché 부족은 그들이 요구하지 않았던 선물은 받았지만 대화의 시도는 거부했다. 왜냐하면 그들이 대화를 필요로 하지 않을 정도로 강했기 때문이다. 우리는 그들이 아플 때 이야기를 시작해야 할 것이다."(M. Cartry, "Pierre Clastres", *Libre* 4(1978)에서 인용)

로 구성되어 있다고 생각한다. 서사는 우화, 신화, 전설 따위로서 여자나 어린아이들에게나 적합한 것이다. 그러니 기껏해야 이 같은 반계몽주의에 빛을 비추어 이들을 문명화하고 교육하고 발전시키려는 시도만 있을 뿐이다.

이 같은 불평등 관계는 각각의 게임에 고유한 규칙들의 내재적 효과이다. 우리는 그 징후들을 모두 알고 있다. 그것은 서양 문화의 여명기부터 있었던 문화 제국주의의 전체 역사이다. 문화 제국주의를 다른 모든 형태의 제국주의와 구별해 주는 독특한 경향을 인식하는 것이 중요하다. 문화 제국주의는 정당화의 요구에 지배된다.

8 서사 기능과 지식의 정당화

오늘날 정당화 문제는 더 이상 과학 언어 게임의 약점으로 간주되지 않는다. 정당화 자체가 하나의 문제로서, 다시 말해 발견적 추동력으로 정당화되어 왔다고 말하는 편이 더 정확할 것이다. 하지만 이처럼 상황을 뒤집어서 정당화 문제를 다루는 방식은 최근에 생긴 일이다. 이 지점(혹자가 실증주의라고 부르는 것)에 도달하기 전에는 과학 지식은 다른 해결책을 모색했다. 아주 오랜 기간 동안 정당성 문제를 해결하기 위해 과학이 공공연하게든 아니든 서사 지식에 속하는 절차에 의존할 수밖에 없었다는 사실은 주목할 만하다.

이런저런 비서사적 형태에서 서사의 복귀가 일거에 완전히 폐기되었다고 생각해서는 안 된다. 그 뚜렷한 증거로 다음과 같은 예가 있다. '발견'을 하고 난 뒤 텔레비전에 출연하거나 신문 인터뷰에 응할 때 과학자들은 어떻게 하는가? 그들은 지식의 서사시(épique)를 실은 전혀 서사시적이지 못한 방식으로 이야기한다. 서사 게임의 규칙을 따르는 것이다. 서사 게임은 매체 사용자들뿐 아니라 과학자의 정서에도 상당한 영향을 미친다. 이 사실은 사소하고 부차적인 게 아니다. 그것은 '대중적' 지식 또는 대중적 지식으로 남겨진 것과 과학 지식 간의 관계에 관한 것이다. 국가는 과학이 하나의 서사시로 행세하도록 하기 위해 많은 돈을 쓴다. 국가 자체의 신뢰성이 그 서사시에 기초하며, 국가의 정책 결정자들은 자신들이 필요로 하는 대중의 동의를 획득하기 위해 그 서사시를 이용한다.[1]

최소한 과학 언어 게임이 자신의 진술이 진리이길 바라면서도 그 진리성을 스스로 정당화할 자질이 없는

---

[1] 과학주의 이데올로기에 관해서는 *Survivre* 9(1971), Jaubert et Lévy-Leblond, *(Auto)critique*에 재수록. 주 26, p. 51ff를 볼 것. 이 선집 후반부에는 과학을 체계에 종속시키려는 다양한 시도들에 저항해서 싸운 잡지와 그룹의 문헌 목록이 실려 있다.

8 서사 기능과 지식의 정당화

한 서사에 의존하는 것이 불가피하다고 생각해 볼 수 있다. 이것이 사실이라면 도저히 줄일 수 없는 역사에 대한 이해 필요성을 인정할 필요가 있다. 앞서 살펴본 것처럼 이때 역사는 기억하고 기획할 필요성(역사성과 강세에의 필요성)이 아니라 오히려 반대로 망각의 필요성(운율의 필요성, 6장을 볼 것)으로서의 역사이다.

우리는 그럼에도 앞으로 나아간다. 그러나 우리가 앞으로 나아갈 때 마음에 새겨 두어야 할 것은 정당화 문제를 해결하기 위해 찾아낸 해결책이 겉으로는 낡은 것처럼 보이지만 원칙적으로는 낡은 것이 아니라 그 표현만이 낡았을 뿐이라는 사실이다. 우리는 그 해결책들이 오늘날까지 형태를 달리한 채 계속 남아 있음을 알더라도 놀라서는 안 된다. 서양에서 우리 스스로가 지금 이 순간에도 과학 지식의 지위를 명확히 하기 위해 과학 지식의 서사를 갖출 필요성을 느끼고 있지 않은가?

과학이라는 새로운 언어 게임은 최초부터 자신의 정당화 문제를 내포하고 있었다. 그것은 플라톤에게서 나타난다. 과학의 화용법이 명시적 명제나 암묵적 전제로 작동하는 플라톤의 『대화』편에 대해 여기에서 주석을 다는 것은 적절치 않다. 대화 게임은 그 나름의 특수한 요건들과 함께 과학의 화용법을 포함하고 있으며, 그 내부에 연구와 교수라는 두 기능을 가지고 있다. 우리는 앞에서 열거했던 몇 가지 동일한 규칙들을 발견할 수 있다. 예컨대 합의(consensus, homologia)만을 위한 논증, 동의 가능성 보장을 위한 지시 대상의 단일성, 대화 상대자의 동등성, 그리고 나아가 대화는 운명이 아니라 게임의 문제라는 간접적 인식 등이 발견된다. 대화가 게임인 까닭은 취약하거나 미숙해서 규칙을 받아들이지 못하는 사람은 대화에서 제외되기 때문이다.[2]

대화 게임이 과학적 성격을 갖는다면 이 게임 자체의 정당성 문제는 대화 속에서 제기된 것들 가운데 있어야 한다는 사실이 남는다. 이것을 보여 주는 유명한 예는 『국가』6, 7권에서 찾아볼 수 있다. 그런데 이 예는 처음부터 이 문제를 사회 정치적 권위와 연관 짓기 때문에 더욱 중요하다. 우리가 익히 알고 있듯이 그 대답

---

2 Victor Goldschmidt, *Les Dialogues de Platon*(Paris: Presses Universitaires de France, 1947).

또는 최소한 그 대답의 일부는 하나의 서사의 형태로 되어 있다. 이 서사는 동굴의 우화로서 인간이 어떻게, 왜 서사를 갈망하며 지식 인식에 실패하는가를 이야기하고 있다. 지식은 따라서 스스로의 순교에 대한 서사에 기초해 있다.

좀 더 살펴보자. 정당화의 노력이라 할 수 있는 플라톤의 『대화』편은 자기 스스로의 형식을 통해 서사에 공격 수단을 제공한다. 각각의 대화는 과학적 토론이라는 서사의 형식을 띠고 있다. 논쟁의 이야기가 전달되는 것이 아니라 보여진다거나 서술되는 것이 아니라 실연[3]되므로 서사시보다는 비극과 더 밀접히 연관되어 있다는 점은 여기에서 그리 중요하지 않다. 중요한 것은 과학의 장을 여는 플라톤의 담론이 과학을 정당화하려는 바로 그만큼 과학적이지는 않다는 사실이다. 과학 지식은 다른 종류의 지식, 다시 말해 과학의 관점에서 결코 지식이 아닌 서사 지식에 의존하지 않고는 자신이 진정한 지식이라는 사실을 스스로 알 수도 없고 알릴

---

3 이 용어들은 Genette, *Figures III*에서 빌려 왔다.

수도 없다. 서사 지식에 의존하지 않으면 과학은 스스로
의 타당성을 미리 전제하는 위치에 서게 되며 스스로가
경멸해 마지않는 부당 전제의 오류와 편견의 행진으로
전락할 것이다. 하지만 서사를 그 권위로 빌려 쓴다 하
더라도 똑같은 덫에 걸리지 않는가?

과학의 정당화 담론을 통해 과학적인 것 속에 서
사가 반복되어 나타난다는 사실을 여기에서 추적할 필
요는 없을 것이다. 그것은 고대, 중세, 그리고 근대 철
학의 도처에 나타나지만 거기에서 끝나지도 않는다. 이
모든 서사들을 추적한다는 것은 한없이 성가신 작업이
될 것이다. 데카르트의 철학 같은 확고한 철학마저도
발레리가 정신의 이야기라고 부른 것이나[4] 교양 소설
(*Bildungsroman*)을 통해서만 과학의 정당성을 논증할 수
있을 뿐이다. 데카르트의 『방법 서설』은 결국 교양 소
설이다. 아리스토텔레스는 과학적이라고 주장된 진술

---

4 Paul Valéry, *Introduction à la méthode de Léonard de Vinci*(1894)(Paris:
Gallimard, 1957). 이 책에는 또한 "Marginalia"(1930), "Note et digression"
(1919), "Léonard et les philosophes"(1929) 등도 실려 있다.(Eng. trans.,
in *The Collected Works of Paul Valéry*, ed., Jackson Matthews(Princeton:
Princeton University Press, 1956~1975), vol. 8)

들이 지켜야 할 규칙들(『논리학』)을 존재에 대한 담론에서의 정당성 추구(『형이상학』)로부터 분리했다는 점에서 누구보다 가장 현대적인 철학자임이 분명하다. 지시 대상의 존재를 표현한다는 구실을 포함한 과학 지식은 논증과 증거로만, 다시 말해 변증법[5]으로만 이루어져 있을 뿐이라는 그의 지적은 더욱 현대적이다.

현대 과학의 등장과 함께 정당화의 문제틀에 두 가지 새로운 특징이 나타난다. 우선 그것은 "당신은 그 증거를 어떻게 증명할 수 있는가?"라는 문제나 좀 더 흔히 제기되는 "누가 진리의 조건들을 결정하는가?"라는 질문에 대한 대답으로 최초의 증거나 초월적 권위를 찾는 형이상학적 추구를 벗어나게 된다. 진리의 조건, 즉 과학의 게임 규칙들은 그 게임 속에 이미 내재해 있으며, 성격상 이미 과학적인 논쟁의 틀 내에서만 성립될 수 있다는 점, 그리고 전문가들이 내린 합의 외에는 그 규칙들이 유효하다는 어떠한 증거도 없다는 점을 현대 과

---

5 Pierre Aubenque, *Le problème de 1'Etre chez Aristote* (Paris: Presses Universitaires de France, 1962).

학은 인식하고 있다.

담론의 조건들을 그 조건들에 관한 담론 속에서 정의하려는 현대적 경향에는 (대중) 서사 문화의 권위 부활이 뒤따른다. 서사 문화의 권위는 르네상스 휴머니즘에서 이미 뚜렷하게 나타나며 계몽주의와 질풍노도, 독일 관념철학과 프랑스의 역사학파에서도 다양하게 나타난다. 서사는 더 이상 정당화 과정에서 나타난 우연한 오류가 아니다. 지식의 문제틀에서 공공연히 서사에 호소하는 현상은 부르주아 계급이 전통적 권위에서 해방되는 것과 동시적으로 나타난다. 서사 지식은 서양에서 새로운 권위의 정당화 문제를 해결하는 방식으로 부활한다. 서사적 문제틀에서 그런 문제에 대한 답변으로 영웅의 이름에 호소하는 것은 당연하다. 누가 사회를 위해 결정할 권한을 가졌는가? 의무를 지게 될 사람들을 위한 규범을 규정하는 주체는 누구인가?

사회 정치적 정당성에 대한 이 같은 새로운 질문은 새로운 과학적 태도와 결합한다. 영웅의 이름은 국민이며, 정당성의 표식은 국민의 동의이고, 규범을 만드는 양식은 토론이다. 진보라는 개념은 이것의 필연적 결과

8 서사 기능과 지식의 정당화

이다. 그 무엇보다도 진보 개념은 지식이 축적된다고 생각하는 운동을 표상한다. 그런데 이 운동은 새로운 사회 정치적 주체로까지 확장된다. 과학 공동체가 무엇이 참이고 거짓인지 논쟁하는 것과 똑같은 방식으로 국민들은 무엇이 정당하고 부당한지를 논쟁한다. 과학자들이 과학 법칙을 축적하는 것처럼 국민들은 민법을 축적한다. 과학자들이 새로 습득한 지식으로 규칙을 개정하기 위한 새로운 '패러다임'을 만들어 내듯이 국민들은 자신들의 동의의 규칙들을 완성한다.[6]

여기에서 '국민'이 의미하는 바가 전통적 서사 지식에서 함의되었던 것과 완전히 다르다는 점은 분명하다. 앞서 살펴본 것처럼 전통적 서사 지식에서 국민은 토론의 제도화도 단계적 발전도 보편성 주장도 필요로

---

6 Pierre Duhem, *Essai sur la notion de théorie physique de Platon à Galilée*(Paris: Hermann, 1908)(Eng. trans., Edmund Doland and Chaninah Maschler, *To Save the Phenomena: An Essay in the Idea of Physical Theory from Plato to Galileo*(Chicago: University of Chicago Press, 1969)); Alexandre Koyré, *Etudes Galiléennes*(1940; Paris: Hermann, 1966)(Eng. trans., John Mephan, *Galileo Studies*(Hassocks, Eng.: Harvester Press, 1978)); Thomas Kuhn, *Structure of Scientific Revolutions*.

하지 않는다. 이런 것들은 과학 지식의 작동 요소들이다. 그러므로 '국민'에 의한 새로운 정당화 과정의 대변자들은 국민에 대한 전통적 지식의 파괴에도 동시에 능동적으로 참여해야 한다는 사실은 결코 놀랍지 않다. 전통적 지식 이후 국민은 광범한 반계몽주의를 확산할 수밖에 없는 소수파나 잠재적 분리주의 운동으로 인식되었다.[7]

또한 우리는 추상적일 수밖에 없는 이 주체의 현실적 존재(이 주체가 추상적인 것은 다른 언어 게임은 배제한 채 진리치를 갖는 지시적 진술만을 말하고 듣는 주체라는 지식 주체의 패러다임을 전적으로 닮았기 때문이다.)가 주체의 토론과 결정 공간이 되며 국가의 전부 또는 일부를 이루고 있는 제도들에 의존한다는 사실도 알 수 있다. 국가의 문제가 과학 지식의 문제와 긴밀히 뒤엉키게 되는 것이다.

그러나 이 뒤엉킴이 다층적이라는 것 또한 명백한 사실이다. '국민'(민족 또는 인류)과 특히 국민의 정치 제

---

7 Michel de Certeau, Dominique Julia, Jacques Revel, *Une politique de la langue. La Rèvolution française et les patois*(Paris: Gallimard, 1975).

도는 아는 것으로 만족하지 않는다. 그들은 법률을 제정한다. 다시 말해 그들은 규범의 지위를 갖는 규정들을 제정한다.[8] 국민은 따라서 진리를 다루는 지시적 발화뿐 아니라 정의를 주장하는 규정적 발화에 대해서도 능력을 행사한다. 앞에서 말했듯이 서사 지식을 특징짓는 것, 그리고 서사 지식에 대한 우리 인식의 기초를 형성하는 것은 다른 모든 것들은 말할 것도 없고 정확히 이 두 가지 능력의 결합을 포함한다.

지식의 타당성을 위해 서사를 다시 불러들이는 이런 정당화의 양식은 그것이 서사 주체를 인식적으로 재현하는가 아니면 실천적으로 재현하는가, 다시 말해 지식의 주인공으로 재현하는가 아니면 자유의 주인공으로 재현하는가에 따라 두 가지 방향을 취하게 된다. 이 두 가지 방향 때문에 정당화의 의미가 다양할 뿐 아니라 서사 자체가 그 의미를 적절히 기술할 수도 없다는 점은 이미 명백하다.

---

8 규범과 규정의 구별에 관해서는 G. Kalinowski, "Du métalanguage en logique. Réflexions sur la logique déontique et son rapport avec la logique des normes", *Documents de travail* 48(Università di Urbino, 1975) 참조.

9 지식을 정당화하는 서사들

두 가지 주요 정당화 서사를 검토해 보자. 하나는 다소 정치적인 것이고 다른 하나는 철학적인 것이다. 두 가지 모두 현대 역사에서, 특히 지식과 그 제도의 역사에서 매우 중요하다.

둘 중 첫 번째 서사의 주체는 자유의 주인공으로서의 인류이다. 모든 국민들은 과학에 대한 권리를 갖는다. 사회적 주체가 과학 지식의 주체가 아니라면 그 까닭은 과학 지식이 성직자들과 폭군들에 의해 금지되어 왔기 때문이다. 과학에 대한 권리를 되찾아야 한다. 이 첫 번째 서사가 대학과 고등학교의 정책보다 초등 교육 정책을 더 지향하게 될 것이라는 점은 쉽게 이해할 수 있다.[1] 프랑스 제3공화국의 교육 정책은 이 전제를 뚜렷이 예시해 준다.

　이 서사는 고등 교육을 제한할 필요가 있다고 보는 것 같다. 따라서 나폴레옹이 채택한 고등 교육 관련 정책들은 대체로 국가 안정에 필요한 행정 기술과 전문 기술 양성 욕구에 그 동기가 있는 것으로 생각되어 왔다.[2] 이 정책은 자유의 서사라는 문맥에서 국가가 정당성을 얻는 것은 국가 스스로에게서가 아니라 국민에게서라는 사실을 간과하고 있다. 따라서 나폴레옹 제국의 정책이 고등 교육 기관을 일차적으로는 국가 관료의 양성소로, 그다음으로 시민 사회 경영자의 양성소로 지정했다 해도 그것은 새로운 지식 영역을 대중에게 전파함으로써

1　이러한 정치학의 흔적은 중등 교육 말기의 프랑스 철학 수업 제도에서, 그리고 중등 교육 초기부터 철학 교육을 '어느 정도' 시킬 것을 권고하는 GREPH (철학교육연구회)의 계획안에서 찾아볼 수 있다. 이 집단의 *Qui a peur de la philosophie?*(Paris: Flammarion, 1977), sec. 2, "La philosophie déclassée"를 볼 것. 이는 또한 퀘벡주 CEGEP 교과 과정, 특히 철학 과목의 커리큘럼에 나타나는 지향성이다.(예를 들어 철학에 관한 *Cahiers de l'enseignement collégial*(1975~1976) 참조)

2　H. Janne, "L'Université et les besoins de la société contemporaine", *Cahiers de l'Association internationale des Universités* 10(1970), p. 5. Commission d'étude sur les universités, *Document de consultation*(Montréal, 1978)에서 인용.

민족 전체가 자유를 얻을 수 있다고 간주했기 때문이다. 지식의 전파 과정은 핵심 요원들이 제 역할을 수행해 나가는 기관과 전문 직업을 통해서 이루어지기 때문이다. 고유한 과학 제도 설립의 경우에 이 같은 추론은 더욱더 타당하다. 국민들을 진보의 길로 이끌기 위해 '민족'의 이름으로 '국민'의 교육을 직접적으로 통제할 때 국가는 언제나 자유의 서사에 의존한다.[3]

정당화의 두 번째 서사에서는 과학, 민족, 국가의 관계가 아주 다른 식으로 발전한다. 이 서사는 1807년부터 1810년 사이 베를린 대학교의 설립과 함께 나타났다.[4] 베를린 대학교가 19세기와 20세기 동안 세계 신흥

---

3 이에 대한 '격렬한' 신화적, 군대식 표현은 Julio de Mesquita Filho, *Discorso de Paraninfo da primeiro turma de licenciados pela Faculdade de Filosofia, Ciências e Letras da Universidade de Saô Paulo*(25 January 1937)에서 찾을 수 있다. 그것의 표현은 *Relatorio do Grupo de Rabalho, Reforma Universitaria*(Brasilia: Ministères de l'éducation et de la culture, etc., 1968)에 나와 있는 브라질 근대 발전 문제에 적용되어 있다. 이 문건들은 브라질에서 나온 대학 관련 문건의 일부인데, 상파울루 대학교의 Helena C. Chamilan과 Martha Ramos de Carvalho가 나에게 보내 주었다.

4 이 문건들을 프랑스에서 볼 수 있는 것은 Miguel Abensour와 철학 대학 덕분이다. *Philosophes de l'université. L'idéalisme allemand et la question de l'université*(Paris: Payot, 1979). 이 선집에는 셸링, 피히테, 슐라이어마허, 훔볼트, 헤겔의 글이 실려 있다.

국가들의 고등 교육 조직에 미친 영향은 지대했다.

베를린 대학교 설립 당시 프로이센의 내각에는 피히테가 작성한 계획안과 그에 반대하는 슐라이어마허의 계획안이 함께 있었다. 빌헬름 폰 홈볼트가 그 문제를 결정하게 되었는데, 그는 좀 더 '자유주의적인' 슐라이어마허의 계획안 쪽으로 결정을 내렸다.

홈볼트의 보고서를 읽어 보면 우리는 과학 제도 정책에 대한 그의 전반적 태도를 "과학 자체를 위하여"라는 그 유명한 경구로 요약하고 싶은 유혹을 느낄 수 있다. 그러나 이것은 그의 정책의 최종 목표를 오해하는 것이다. 홈볼트의 정책은 우리가 지금 논의하고 있고 또 슐라이어마허가 좀 더 철저한 형태로 천명한 정당화의 원칙을 따르고 있다.

홈볼트가 과학은 그 자체의 규칙에 복종하고, 과학 제도는 "어떠한 제약이나 미리 결정된 모종의 목표 없이 스스로 존재하며 계속해서 스스로를 쇄신시킨다."라고 선언한 것은 사실이다. 그러나 대학은 대학의 한 구성 요소인 과학이 "민족의 정신적, 도덕적 훈육"을 인도하도록 해야 한다고 홈볼트는 덧붙인다.[5] 어떻게 사심 없는 학문 추구로부터 이 같은 교육 효과가 나올 수 있는 가? 국가, 민족, 인류 전체가 지식을 위한 지식으로부터 는 초연하지 않은가? 훔볼트도 인정하듯이 그들이 관심을 두는 것은 학문이 아니라 "인격과 행동"이다.

따라서 이 장관 보좌관은 중요한 갈등에 직면하는데, 이는 어느 면에서 칸트의 비판에서 앎과 의지 사이에 생긴 괴리를 연상시킨다. 그것은 진리 기준에 대해서만 책임지는 지시적 언어 게임과 결정과 의무가 포함될 수밖에 없는 윤리적, 사회적, 정치적 실천을 지배하는 언어 게임 간의 갈등이다. 후자의 언어 게임은 진리보다는 정의가 기대되는 발화들, 결국 최종적으로는 과학 지식 영역의 외부에 놓여 있는 발화들을 말한다.

하지만 훔볼트의 계획이 목표했던 교육을 위해서는 이 두 가지 담론의 통일이 필수적이다. 훔볼트의 계획은 개인의 지식 획득뿐 아니라 완전히 정당화된 지식과 사회의 주체도 교육시키는 것이었다. 훔볼트는 그래서 세

---

5 "Über die innere und äussere Organisation der höheren wissenschaftlichen Anstalten in Berlin"(1810), *Wilhelm von Humboldt*(Frankfurt, 1957), p. 126.

9 지식을 정당화하는 서사들

가지 야망 또는 가지가 셋 달린 하나의 열망으로부터 활력을 얻는 하나의 정신(피히테가 생명이라고 부른 것)에 호소한다. 세 가지 야망이란 "하나의 원초적 원칙으로부터 모든 것을 도출하려는 열망"(과학 활동에 상응), "모든 것을 하나의 이상에 연결시키려는 열망"(윤리적·사회적 실천을 지배하는 것), 그리고 "이 원칙과 이상을 하나의 단일한 이데아 속에 통합시키려는 열망"(진정한 원인을 찾으려는 과학적 탐구는 도덕적·정치적 삶에서 정당한 목적을 추구하는 것과 언제나 일치한다는 결론을 얻는다.)이다. 이 셋의 궁극적 종합이 정당성을 갖는 주체를 형성한다.

훔볼트는 이 세 가지 열망이 '독일 민족의 지적 성격'에 자연적으로 내재해 있다고 지나가는 말로 언급한다.[6] 이것은 다른 종류의 서사, 즉 지식의 주체는 국민이라는 생각을 신중하게 인정한 것이다. 하지만 실상 이같은 생각은 독일 관념론에서 발전된 지식 정당화 서사와는 거리가 아주 멀다. 슐라이어마허나 훔볼트, 그리고 심지어 헤겔 같은 사람이 국가에 대해 품었던 회의가 이

---

6 위의 책, p. 128.

를 보여 준다. 슐라이어마허가 공공 당국의 과학 정책 지도 원리가 되었던 편협한 민족주의나 보호주의, 그리고 공리주의와 실증주의를 염려했다면 그것은 과학 원리가 간접적으로나마 이들 공공 당국에 속하는 것이 아니었기 때문이다. 지식의 주체는 국민이 아니라 사유하는 정신이다. 그것은 혁명 이후의 프랑스처럼 국가에 구현되는 것이 아니라 체계에 구현된다. 정당화의 언어 게임은 국가 정치적인 것이 아니라 철학적인 것이다.

대학들이 수행해야 하는 위대한 기능은 "지식 체계 전체를 열어 놓고 모든 지식의 원리와 기초를 설명하는 것"이다. "사유하는 정신이 없다면 창조적인 과학 능력도 있을 수 없기 때문이다."[7] 여기에서 '사유'는 과학 담론을 정당화해 주는 담론에 붙여진 이름이다. 학교는 기능적이고, 대학은 사유적, 다시 말해 철학적이다.[8] 철학은 실험실의 개별 학문과 대학 이전의 교육 기

---

7 Friedrich Schleiermacher, "Gelegentliche Gedanken über Universitäten in deutschen Sinn, nebst einem Anhang über eine neu zu errichtende"(1808), in E. Spranger, ed., *Fichte, Schleiermacher, Steffens über das Wesen der Universität*(Leipzig, 1910), p. 126ff.

8 "일반적으로 철학 교육은 모든 대학 활동의 기반으로 인식된다."(위의 책, p.

관에 흩어져 있는 지식의 통일성을 되찾아 주어야 한다. 정신 발달의 순간들인 여러 과학을 함께 묶어 주는, 다시 말해 여러 가지 과학을 하나의 합리적 서사 또는 메타 서사로 묶어 주는 언어 게임을 통해서만 대학은 이 목표를 성취할 수 있다. 헤겔의 『백과사전(*Encyclopédie*)』 (1817~1827)은 이 같은 총체화 작업을 실현하려는 시도였다. 이 같은 노력은 이미 피히테와 셸링에게 있어서도 체계라는 관념의 형태로 나타난다.

우리가 서사 지식의 귀환을 보게 되는 것은 동시에 주체이기도 한 바로 이 생명의 전개 기제 속에서이다. 여기에는 정신의 보편 '역사'가 있으며, 정신이 곧 '생명'이고, '생명'은 그 자신의 자기 표현이자 조직화된 지식으로 경험 과학에 포함되는 모든 형태의 공식화이다. 독일 관념론의 백과사전은 이 생명-주체의 '(역사) 이야기(histoire)'이다. 그러나 그것이 생산하는 것은 메타 서사이다. 왜냐하면 그 이야기의 서사자는 전통적 지식의 특정한 실증성에 얽매인 국민이 아닐뿐더러 과학자들 일

128)

반도 아니기 때문이다. 과학자들은 개별 전문성에 상응하는 전문직 네트워크에 묶여 있을 뿐이다.

서사자는 경험과학의 담론과 직접적인 대중문화 제도들의 정당성을 형성하는 과정에서 하나의 메타 주체이다. 이 메타 주체는 이들 담론과 제도의 공통 기초에 목소리를 부여함으로써 그것들의 암묵적 목표를 실현한다. 메타 주체는 사유하는 대학에 깃들어 있다. 실증과학과 국민은 메타 주체의 조잡한 변이에 불과하다. 민족 국가가 국민을 대변하는 단 하나의 타당한 방식은 사유 지식의 매개를 통해서이다.

지금까지 베를린 대학교의 설립을 정당화하고 이 대학과 현대 지식의 발전 모두에 원동력이 되고자 했던 철학을 설명할 필요가 있었다. 앞에서도 말했듯이, 미국을 시작으로 해서 19세기와 20세기의 많은 나라들이 고등 교육 체계를 확립하거나 개혁할 때 이 대학 조직을 모델로 삼았다.[9] 그러나 무엇보다도 이 철학(대학 사회에

---

9 Alain Touraine은 이런 이식에 개재되는 모순을 분석한 바 있다. *Université et société aux États-Unis*(Paris: Seuil, 1972), pp. 32~40(Eng. trans., *The Academic System in American Society*(New York: McGraw-Hill, 1974)).

서는 아직 철학이 사멸하지 않았다.)[10]은 지식 정당화 문제를 해결할 한 가지 해결책을 특히 생생하게 보여 준다.

연구와 지식의 전파는 효용성의 원리에 호소해서 정당화되지 않는다. 결코 국가와 시민 사회 또는 그중 하나의 이해에 과학이 봉사해야 한다고 생각되지도 않는다. 인류가 지식을 통해 위엄과 자유 속에서 일어선다는 인문학적 원리는 길가에 방치돼 있다. 독일 관념론은 하나의 메타 원리에 의존하는데, 이것은 동시에 피히테가 '신성한 생명', 헤겔이 '정신의 생명'이라고 부른 주체의 '생명' 실현에 있어 지식과 사회, 그리고 국가 발전의 기초가 된다. 이 관점에서 보면 지식은 일차적으로 자기 자신 속에서 정당성을 발견하며, 국가가 무엇이고 사회가 무엇인지 말할 수 있는 자격을 갖춘 것도 다름 아닌 지식이다.[11] 그러나 지식이 이 역할을 수행할 수 있는

---

10   이는 심지어 Robert Nisbet의 결론에도 나타난다. Robert Nisbet, *The Degradation of the Academic Dogma: The University in America, 1945~1970*(London: Heinemann, 1971). 저자는 UC 리버사이드 대학교 교수이다.

11   G. W. F. Hegel, *Philosophie des Rechts*(1821)(Eng. trans., T. M. Knox, *Hegel's Philosophy of Right*(Oxford: Oxford University Press, 1967)).

것은 차원을 바꿈으로써, 다시 말해 지시 대상(자연, 사회, 국가 등)에 관한 단순한 실증적 지식이기를 그만두고 그에 덧붙여 지시 대상에 대한 지식의 지식, 즉 사유적 지식이 되면서이다. 생명과 정신이라는 이름으로 지식은 자신을 명명하는 것이다.

사유 기능의 주목할 만한 결과는, 가능한 모든 지시 대상에 대한 지식 담론들이 채택되는 것은 그것이 갖는 직접적인 진리치의 관점에서가 아니라, 정신이나 생명의 여정 속에서 그것이 특정 위치를 점하게 됨으로써, 달리 표현하자면 사유적 담론이 설명하는 백과사전 속에서 특정 지위를 차지함으로써 획득하는 가치 때문이라는 사실이다. 이 사변적 담론은 자신이 아는 것을 스스로에게 설명하는 과정에서, 다시 말해 자기 설명의 과정에서 정신과 생명을 인용한다. 이 관점에서 보면 참된 지식은 언제나 간접적인 지식이다. 그것은 전달문으로 이루어져 있는데, 전달문은 스스로의 정당성을 보장해 주는 주체의 메타 서사에 편입된다.

똑같은 사실이 지식 담론이 아닌 모든 다양한 담론에도 그대로 적용된다. 법률 담론과 국가 담론이 그 예

9 지식을 정당화하는 서사들

이다. 현대의 해석 담론[12]은 하나의 전제에서 탄생했다. 이 전제는 알아야 할 의미가 있다는 것을 보증해 주며 나아가 역사(특히 지식의 역사)에 정당성을 부여해 준다. 진술은 자신의 자기 실명(autonyme)[13]으로 취급되며, 서로가 서로를 야기하는 방식으로 작동된다. 이런 것들이 사유적 언어의 규칙이다. 대학은 그 이름이 말해 주듯 사유적 담론의 독점적 기관이다.

그러나 내가 말한 것처럼 정당성의 문제를 해결하기 위해 다른 절차들을 이용할 수도 있다. 이 절차들 간의 차이는 기억해 두어야 한다. 오늘날 지식의 지위에 불균형이 일어나고 그 사유적 통일성이 깨지면서 정당성에 대한 첫 번째 해석이 새로운 활력을 얻고 있다.

---

12 Paul Ricoeur, *Le conflit des interprétations. Essais d'herméneutique*(Paris: Seuil, 1969)(Eng. trans., Don Ihde, *The Conflict of Interpretations*(Evanston, Ill.: Northwestern University Press, 1974)); Hans-Georg Gadamer, *Warheit und Methode* 2d ed.(Tübingen: Mohr, 1965)(Eng. trans., Garrett Barden and John Cumming, *Truth and Method*(New York: Seabury Press, 1975)) 등 참조.
13 두 진술을 예로 들어 보자. 1) "달이 뜬다." 2) "'달이 뜬다.'라는 진술은 지시적 진술이다." 2번 진술에서 "달이 뜬다."라는 신태그마 구절은 진술문의 실명(autonyme)이라고 말해진다. Josette Rey-Debove, *Le métalangage*(Paris: Le Robert, 1978), pt. IV.

이 정당화 서사에 따르면 지식은 그 타당성을 자기 내부에서 발견할 수 없고, 지식의 가능성을 실현함으로써 발전해 나가는 주체 속에서도 발견할 수 없으며, 실천적 주체인 인류에게서 발견한다. 국민에게 활력을 불어넣는 운동의 원칙은 지식의 자기 정당화가 아니라 자유의 자기 근거, 달리 표현하면 자유의 자기 관리이다. 주체는 구체적이거나 구체적인 것으로 간주되며, 주체의 서사시는 주체가 스스로를 지배하는 것을 가로막는 모든 것들로부터의 해방 이야기이다. 주체가 스스로를 위해 제정하는 법률이 정당하다고 인정되는 것은 그것이 어떤 외부적 자연에 순응하기 때문이 아니라 법률 제정자들이 헌법적으로 그 법률에 복종해야 하는 바로 그 시민들이기 때문이다. 그 결과 법률 제정자들의 의지(법률이 정당하기를 기대하는 욕망)는 그 법률을 갈망하고 그 법률에 복종할 바로 그 시민들의 의지와 언제나 일치할 것이다.

의지의 자율성[14]에 의한 이 정당화 양식은 다른 양

---

14 최소한 초월적 윤리학의 문제에 있어서 그 원리는 칸트적이다. 칸트의 『실

식과는 전적으로 다른 언어 게임을 우선시한다. 그것은 칸트가 명령적이라 부르고 오늘날에는 규범적이라고 알려진 언어 게임이다. 중요한 것은 "지구가 태양 주위를 돈다."와 같은 진리에 관한 지시적 발화를 정당화하는 것(만)이 아니라 "카르타고를 파괴해야 한다."라든가 "최저 임금이 ×원으로 정해져야 한다."처럼 정의와 관련된 규범적 발화를 정당화하는 것이다. 이 문맥에서 실증적 지식이 할 수 있는 역할이라곤 실천 주체에게 규범의 실행이 새겨지는 현실에 관해 알려 주는 것밖에 없다. 그것은 주체가 실행 가능한 것 또는 가능하게 할 수 있는 것들을 가늠케 해 준다. 그러나 실행 가능한 것, 무엇을 해야 하는가 하는 것은 실증적 지식의 권한 내에 있지 않다. 하나의 실행이 가능토록 하는 것과 그 실행을 정당하게 만드는 것은 별개의 일이다. 지식은 더

천이성 비판』을 볼 것. 정치학과 경험 윤리학의 문제에 이르면 칸트는 신중했다. 아무도 자신을 초월적인 규범적 주체로 생각할 수 없기 때문에 기존 권위와 타협하는 것이 이론적으로는 보다 정확하다. 예를 들어 "Antwort an der Frage: 'Was ist "Aufklärung"?'"(1784)(Eng. trans., Lewis White Beck, *Critique of Practical Reason and Other Writings in Moral Philosophy*(Chicago: Chicago University Press, 1949)).

이상 주체가 아니라 주체에 봉사하는 어떤 것이다. 지식이 가진 유일한 정당성은 (그것도 엄청난 일이기는 하지만) 도덕을 현실로 만들어 준다는 점이다.

여기에서 원칙적으로 목적과 수단의 관계인 사회와 국가에 대한 지식의 관계가 도출된다. 그러나 과학자들은 국가 규범의 총합이라 할 수 있는 국가의 정책이 정의롭다고 스스로 판단할 때만 국가와 협조해야 한다. 자신들이 구성원으로 참여하고 있는 시민 사회를 국가가 잘 대변하지 못하고 있다고 생각할 경우 과학자들은 그 규범을 거부할 수도 있다. 이 같은 유형의 정당화는 실천적 인간인 그들에게 정의롭지 못하다고 판단되는 정치권력, 다시 말해 진정한 자율성에 기초해 있지 않다고 판단되는 정치권력에 대해 학문적 지지를 거부할 수 있는 권위를 부여한다. 그들은 심지어 진정한 자율성이 사실상 사회나 국가에 실현되어 있지 않음을 보여 주는 데 자신들의 전문성을 이용할 수도 있다. 여기에서 다시 지식의 비판 기능이 도입된다. 그럼에도 자율적 집합체인 실천적 주체가 생각하는 목표에 봉사하는 것 이외에 지식이 어떤 궁극적 정당성을 가지지는 않는다는 사실은

그대로 남는다.[15]

정당화 기획에서 나타나는 이와 같은 역할 분배는 우리 관점에서 보면 흥미롭다. 그것은 이 기획이 체계-주체 이론과 달리 언어 게임이 하나의 메타 담론으로 통일, 통합될 가능성이 없다는 것을 가정하기 때문이다. 그와 정반대로 여기에서는 규범적 진술(실천적 주체가 발화하는 진술)에 우선이 주어지며, 그에 따라 규범적 진술이 과학 진술들로부터 원칙적으로 독립되게 된다. 여기에서 과학 담론에 남아 있는 유일한 기능은 실천 주체에게 정보를 제공하는 것이다.

두 가지 언급할 문제가 있다.

1) 마르크스주의는 방금 내가 말한 서사 정당화의 두 가지 모델 사이를 왔다 갔다 해 왔다는 사실이 쉽게

---

15 Kant, "Antwort"; Jürgen Habermas, *Strukturwandel der Öffentlichkeit* (Frankfurt: Luchterhand, 1962)를 볼 것. 공공성('사적인 교류를 공적으로 만들다' 혹은 '공적 토론'이라는 의미에서 '공적', '공공성')의 원리는 1960년대 말 많은 학자 그룹들의 실천을 이끌었다. 특히 '생존자' 그룹(프랑스), '사회 정치적 행동을 위한 과학자와 기술자들' 그룹(미국), '학문의 사회적 책임을 위한 영국 학회' 그룹이 대표적이다.

드러난다. 당은 대학의 위치를, 프롤레타리아트는 국민이나 인류의 위치를, 그리고 변증법적 유물론은 사유적 관념론의 위치를 차지한다. 스탈린주의는 그 결과물로서 과학과 특수한 관계를 맺고 있다. 스탈린주의에 따르면 과학은 사회주의를 향한 행진이라는 메타 서사의 인용으로 등장할 뿐이다. 사회주의를 향한 행진은 정신의 생명에 상응하는 것이다. 그러나 한편 마르크스주의는 두 번째 정당화 모델에 맞춰 비판적 지식의 형태로 발전하기도 한다. 이 경우 마르크스주의는 사회주의가 자율적 주체의 형성과 다를 바 없다고 주장하며 과학에 대한 유일한 정당화는 경험적 주체(프롤레타리아트)에게 소외와 억압으로부터 스스로를 해방시킬 수단을 제공하는 경우에 한한다고 주장한다. 간단히 말해서 이것은 프랑크푸르트 학파의 입장이다.

2) 1933년 5월 27일 하이데거가 프라이부르크 대학교 총장에 취임하면서 했던 연설은 정당화 역사에서 불행한 일화로 읽힐 수 있다.[16] 이 연설에서 사유적 과학은 존재에 대한 질문 제기로 바뀌었다. 이 질

문 제기는 '역사적-정신적 국민'이라 불리는 독일 국민의 '운명'이다. 이 주체에 노동, 국방, 지식 세 가지가 봉사해야 한다. 대학은 세 가지 봉사를 위한 메타 지식(métasavoir), 다시 말해 과학을 보장해야 한다. 관념론의 경우처럼 여기에서도 존재론으로 위장된, 과학이라 불리는 메타 담론을 통해 정당화가 성취된다. 그러나 여기에서 메타 담론은 총체화하는 것이 아니라 질문을 제기하는 것이다. 또 이 메타 담론의 본향인 대학은 국민에게 빚을 지고 있는데, 국민의 '역사적 사명'은 일하고 싸우고 앎으로써 그 메타 담론의 결실을 맺는 것이다. 이 같은 국민-주체의 소명은 인류를 해방하는 것이 아니라 그 자신의 '진정한 정신세계'를 실현하는 것이다. 이 세계는 '국민의 대지와 피의 힘 속에서 발견되는 가장 심오한 보존의 힘'이다. 이처럼 지식과 그 제도를 정당화하기 위해 인종과 노동의 서사를 정신의 서사에 끼워 넣는 것은 이중적으로 불행하다. 그것은 이론적으로 모

---

16 G. Granel의 번역으로 된 이 텍스트의 프랑스판 번역본은 *Phi*에, *Annales de l'université de Toulouse-Le Mirail*(Toulouse: January 1977)의 부록으로 실려 있다.

순되며, 정치 문맥에서는 재난의 메아리를 찾아볼 수 있을 만큼 강력했다.

1ㅁ 탈정당화

후기 산업 사회, 포스트모던 문화[1]인 오늘날의 사회와 문화에서 지식의 정당화 문제는 이와 다른 양상을 띤다. 이제 거대 서사는 어떤 통합 양식을 사용하든 관계없이, 그리고 사변적 서사인가 해방 서사인가 하는 문제와도 무관하게 그 신뢰성을 상실했다.

서사의 쇠퇴는 2차 세계대전 이후 꽃핀 다양한 기술의 효과로 볼 수 있는데, 이런 기술 발전은 강조점을 행위의 목적에서 수단으로 이동시켜 버렸다. 서사의 쇠퇴는 또 한차례 후퇴를 경험했던 선진 자유주의적 자본

---

1 1장의 주 1 참조. Hassan은 포스트모더니즘의 몇 가지 과학적 면모를 열거하고 있다. Ihab Hassan, "Culture, Indeterminacy, and Immanence: Margins of the (Postmodern) Age", *Humanities in Society* 1(1978), pp. 51~85.

주의가 1930~1960년대에 케인스주의의 보호 아래 이룩했던 재배치의 효과로 볼 수도 있다. 이 재배치는 공산주의적 대안을 제거해 버리고 재화와 용역의 개인주의적 향유를 안정시킨 쇄신이었다.

이런 식으로 원인을 탐구할 때면 우리는 언제나 좌절을 경험한다. 어느 가설을 택하더라도 우리는 사변과 해방이라는 거대 서사가 갖는 통합과 정당화의 힘의 쇠퇴가 위에서 말한 경향들과 맺는 상관관계를 상세히 설명해야 하기 때문이다.

물론 자본주의의 쇄신 및 번영과 기술의 당혹스러운 비약이 모두 지식의 지위에 영향을 미쳤을 것이라는 점은 쉽게 이해할 수 있다. 그러나 그런 효과가 일어나기 훨씬 전부터 현대 과학이 그 효과들의 영향에 취약할 수도 있었다는 사실을 이해하려면, 우리는 먼저 19세기 거대 서사에 내재해 있던 '탈정당화(délégitimation)'[2]와 허무주의의 씨앗을 찾아내야 한다.

---

2 Claus Mueller는 '탈정당화 과정'이란 표현을 *The Politic of Communication* (New York: Oxford University Press, 1973), p. 164에서 쓰고 있다.

무엇보다도 우선 사유 기제는 지식과 애매한 관계를 유지한다. 사유 기제는 지식이 정당화를 위한 이차 담론(진술의 자기 지시(autonymie))에서 자기 자신의 진술을 인용해 스스로를 배가(倍加)시킬(스스로를 '들어올리고(se relève)' '고양할(hebt sich auf)') 수 있는 한에서 그 이름에 걸맞다는 사실을 보여 준다. 이차 담론은 지식의 자기 진술들을 정당화하기 위해 기능한다. 이는 특정 지시 대상(살아 있는 유기체, 화학적 성질, 물리 현상 따위)에 대한 지시적 담론이 직접적으로는 스스로 안다고 생각하는 것을 실제로 알지 못한다는 말과 마찬가지이다. 실증과학은 지식의 한 형태가 아니다. 사유는 실증과학의 억압 위에 유지된다. 그래서 헤겔의 사유적 서사는 헤겔 자신도 인정하듯 실증적 지식에 대해 상당히 회의적인 태도를 취한다.[3]

자신을 정당화하지 못한 과학은 진정한 과학이 아니다. 만약 과학을 정당화하려는 담론이 '저속한' 서사

---

3 헤겔은 자연적 지식에 대한 관념적 충동의 효과를 묘사하기 위해 『정신현상학』 서문에서 "의심의 길…… 절망의 길…… 회의주의"라고 쓰고 있다.

같은 과학 이전의 지식 형태를 띠고 있다면, 그 담론은 가장 낮은 단계, 다시 말해 이데올로기나 권력의 도구 단계로 떨어진다. 그리고 이것은 그 담론이 경험적이라고 비난하는 그런 유의 과학 게임 규칙들이 과학 자신에게 적용될 때 항상 일어나는 일이다.

다음과 같은 사유적 진술을 예로 들어 보자. "하나의 과학 진술은 보편적 발생 과정에서 제 위치를 차지할 경우에 한해서만 지식이다." 이에 대해 다음과 같은 질문을 해 볼 수 있다. 그렇다면 이 진술 자체는 이 진술이 정의하는 그런 지식인가? 보편적 발생 과정 속에서 자신의 위치를 차지할 때만 그렇다. 실제로 그렇게 될 수 있다. 그러면 이 진술이 해야 할 일은 그러한 보편적 발생 과정(정신의 생명)이 존재한다는 것과 이 진술 자체가 그 과정의 표현이라는 사실을 전제하는 것뿐이다. 이 전제는 실은 사유적 언어 게임에 절대적으로 필요한 가정이다. 이것이 없으면 정당화의 언어는 정당하지 않게 된다. 최소한 관념론의 용어를 빌려 말하자면 이 경우 정당화 언어는 과학과 함께 무의미의 나락으로 추락하게 될 것이다.

하지만 이 전제를 전혀 다른 의미로, 우리를 포스트모던 문화의 방향으로 데려다줄 의미로 이해할 수도 있다. 우리는 앞서 취했던 관점을 견지한 채 이러한 전제가 사유적 게임을 하기 위해 받아들여야 할 규칙들의 집합을 정의해 준다고 말할 수 있다.[4] 이런 평가는 첫째로 '실증'과학이 지식의 일반적 양식을 대변한다는 사실을 우리가 인정한다는 것, 둘째로 이 언어는 그것이 항상 정확히 밝혀 주어야 하는 형식적, 공리적 전제들을 함축하고 있는 것으로 우리가 이해한다는 사실을 가정한다. 다른 용어를 쓰긴 하지만 정확히 니체가 하고 있는 일이 바로 이것이다. 니체는 과학의 진리 요구가 자기 자신을 향할 때 생긴 결과가 '유럽 허무주의'라는 사실을 보여 준다.[5]

---

4 이런 설명을 방해한다는 두려움 때문에 나는 다음번 연구 때까지 이런 규칙 집단을 설명하는 것을 미루었다.("Analyzing Speculative Discourse as Language-Game", *The Oxford Literary Review* 4, no. 3(1981): pp. 59~67)

5 Nietzsche, "Der europäische Nihilismus"(MS. N VII 3); "Der Nihilism, ein normaler Zustand"(MS. W II 1); "Kritik der Nihilism"(MS. W VII 3); "Zum Plane"(MS. W II 1), *Nietzshes Werke kritische Gesamtausgabe*, vol. 7, pts. 1 and 2(1887~1889)(Berlin: De Gruyter, 1970). 이 텍스트들이, K. Ryjik가 *Nietzsche, le manuscrit de Lenzer Heide*(원고본, Département de philosophie,

그러므로 최소한 이런 측면에서 보았을 때 언어 게임이라는 생각과 큰 차이가 없는 하나의 관점이 여기에서 생겨난다. 우리가 여기에서 얻는 것은 정당화 자체에 대한 요구에서 야기되는 탈정당화 과정이다. 19세기 말 이래 징후가 축적되어 온 과학 지식의 '위기'는 그 자체가 기술 진보와 자본주의 팽창의 효과인 과학의 우연한 확산으로 인해 생긴 것이 아니다. 오히려 그것은 지식의 정당성 원리의 내적 침식을 노정할 뿐이다. 사유적 게임 내부에 침식이 일어나고 있는 것이다. 이 내부 침식은 개별 과학이 자신의 위치를 발견하는 백과사전적 그물망의 짜임새를 풀어헤치면서 종국에는 과학들을 자유롭게 한다.

그 결과 여러 과학 영역 간의 고전적 분계선에 의문이 제기되어 어느 학문 분과가 사라지거나, 과학 간의 경계선이 겹쳐지고 이 경계선에서 새로운 영역들이 탄생한다. 지식의 사유적 위계는 탐구 영역들의 내재적이고 '평면적'인 그물망에 자리를 내주게 되고, 개별 분과

Université de Paris VIII (Vincennes))에서 논평 대상으로 삼았던 글이다.

10 탈정당화

의 변방은 끊임없는 유동적 변화 과정을 겪게 된다. 낡은 '학과들'은 여러 종류의 연구소나 재단들로 분할되며 대학은 사유적 정당화의 기능을 상실한다. (사유적 서사에 질식되었던) 연구 책임을 벗어던진 대학들은 이제 확립된 지식이라고 판단된 지식의 전수에 스스로의 기능을 한정시킨다. 또 대학은 교육에서도 연구자의 양성이 아니라 교수자의 복제만 보장한다. 이것이 니체가 발견하고 경멸했던 바로 그런 상태이다.[6]

이것과 다른 정당화 과정, 즉 계몽주의에서 유래된 해방 기제에 내재해 있는 잠재적 침식도 사유적 담론에서 작동하는 침식 못지않게 광범하다. 그러나 그 양상은 다르다. 해방 기제의 두드러진 특징은 과학과 진리의 정당화 근거를 윤리적, 사회적, 정치적 실천에 참여하는 대화자들의 자율성 속에 둔다는 점이다. 앞서 살펴본 것처럼 이런 형태의 정당화는 곧바로 문제를 노정한다. 인식적 가치를 갖는 지시적 진술과 실천적 가치를 갖는

---

6 "On the Future of Our Educational Institutions", *Complete Works*(주 35), vol. 3.

규범적 진술 간의 차이는 타당성의 차이, 따라서 능력의 차이이다. 실제 상황을 묘사하는 진술이 진리라고 해서 그 진술에 기초한 규범적 진술(그 효과는 필경 애초의 현실을 수정하는 것이 될 것이다.) 역시 정당할 것이라고 증명할 만한 것은 아무 데도 없다.

닫혀 있는 문을 예로 들어 보자. "그 문은 닫혀 있다."와 "그 문을 열어라." 사이에는 명제 논리에서 정의하는 인과 관계가 전혀 없다. 두 진술은 각기 서로 다른 유형의 타당성과 능력을 정의하는 독자적 규칙 집합에 속한다. 여기에서 이성을 한편으로 인식적 이성 또는 이론적 이성으로, 다른 한편으로 실천적 이성으로 나누는 것이 갖는 효과는 과학 담론의 정당성을 공격하는 것이다. 왜냐하면 그것이 나름의 규칙을 가진 언어 게임(칸트의 선험적 지식 조건이 그런 주요 통찰이다.)이며 실천 게임을 감독할 특별한 소명을 갖지 않는다(미학의 경우에도 감독할 것을 요구하지는 않는다.)는 사실을 직접적으로가 아니라 간접적으로 밝혀 주기 때문이다. 과학 게임은 그래서 다른 게임과 동렬에 놓이게 된다.

비트겐슈타인, 마틴 부버(Martin Buber), 에마뉘엘

레비나스(Emmanuel Levinas) 같은 사상가들이 각자 자기 나름의 방식으로 했던 것처럼[7] 이 '탈정당화'를 조금씩이라도 다루면서 범위를 넓히면 포스트모더니티의 중요한 흐름과 연결된 길이 열린다. 과학은 나름의 게임을 한다. 그것이 다른 언어 게임을 정당화할 수는 없다. 예를 들어 규범적 언어 게임은 과학을 벗어나 있다. 그러나 무엇보다도 과학은 사유가 할 수 있다고 믿었던 것처럼 자기 자신을 정당화할 능력이 없다.

사회적 주체마저도 이 언어 게임의 확산에 용해되어 버리는 것 같다. 사회적 유대는 언어적이지만 단일한 실로 짜여 있는 것이 아니다. 그것은 서로 다른 규칙을 따르는 최소한 두 가지, 실제로는 무한한 언어 게임들이 교차하여 만들어 낸 직조이다. 비트겐슈타인은 이

---

7   Martin Buber, *Ich und Du*(Berlin: Schocken Verlag, 1922)(Eng. trans., Ronald G. Smith, *I and Thou*(New York: Charles Scribner's Sons, 1937)), 그리고 *Dialogisches Leben*(Zürich: Müller, 1947); Emmanuel Levinas, *Totalité et infinité*(La Haye: Nijhoff, 1961)(Eng. trans., Alphonso Lingis, *Totality and Infinity: An Essay on Exteriority*(Pittsburgh: Duquesne University Press, 1969)), 그리고 "Martin Buber und die Erkenntnistheorie"(1958), *Philosophen des 20. Jahrhunderts*(Stuttgart: Kohlhammer, 1963)(Fr. trans., "Martin Buber et la théorie de la connaissance", *Noms Propres*(Montpellier: Fata Morgana, 1976)).

렇게 적고 있다. "우리는 언어를 고대 도시로 생각해 볼수 있다. 그것은 조그만 도로와 광장들, 낡은 집과 새 집들, 그리고 여러 시기에 덧붙여 개축한 집들로 이루어진 하나의 미로이다. 게다가 이 도시는 잘 구획된 도로와 규격화된 집들로 이루어진 수많은 새로운 구역들로 둘러싸여 있다."[8] 비트겐슈타인은 단일총체성(unitotalité)의 원칙 또는 지식의 메타 담론의 권위에 의한 종합이 적용될 수 없다는 점을 확실히 하기 위해 다음과 같은 질문을 던지며 이 언어의 '도시'를 유구한 무더기 역설(sorite paradoxe)에 맡긴다. "하나의 도시가 도시가 되기 앞서 얼마나 많은 집과 도로들이 필요할까?"[9]

새로운 언어들이 오래된 언어들에 첨가되어 낡은 도시의 근교를 이룬다. 새로운 언어는 "화학의 기호법과 미적분학의 기수법" 같은 것들이다.[10] 35년 후에 우리는 이 목록에다 기계 언어, 게임 이론의 모태, 새로운 음

---

8 *Investigations Philosophiques*, *loc. cit.*, §18(Eng. trans., *Philosophical Investigations*, sec. 18, p. 8).

9 위의 책, 같은 곳.

10 위의 책, 같은 곳.

악 기보법, 비지시적 논리 형식의 기호 체계(시간의 논리학, 의무 논리학, 양태 논리학), 유전 정보 언어, 음성학 구조의 그래프 등등을 집어넣을 수 있을 것이다.

이러한 분열에서 비관적 인상을 받을 수도 있다. 어느 누구도 이 언어들을 전부 다 말할 수 없으며, 이 언어들을 묶어 줄 보편적 메타 언어도 없다. 체계-주체의 기획은 실패했으며 해방의 목표는 과학과 무관하다. 우리는 모두 이러저러한 학문 분과의 실증주의에 갇혀 있다. 박식한 학자들은 모두 과학자로 변했고 연구 작업은 축소되고 구획되었으며 어느 누구도 이 모든 분야를 전부 다 습득할 수 없다.[11] 사유철학이나 인본주의 철학은 이제 정당화 임무를 포기당했다.[12] 이 사실은 철학이 정당

---

11 예를 들어 "La taylorisation de la recherche", (Auto)critique de la science(주 26), pp. 291~293. 특히 D. J. de Solla Price, Little Science, Big Science(New York: Columbia University Press, 1963) 참조. 프라이스는 (그들이 발간한 출판물에 비추어 평가해 볼 때) 고도로 생산적인 소수의 연구자들과 거의 생산력이 없는 다수의 연구자들을 구분해야 한다고 역설한다. 후자의 수는 전자의 제곱으로 증가해 가고 그 결과 고도의 생산력을 갖춘 연구자들의 수는 실제로 20년 만에 한 번씩 증가할 뿐이다. 프라이스는 사회적 실체로서 간주되는 과학이 결코 '민주적일 수 없는(undemocratic)' 것이라고 결론짓는다.(p. 59) 그는 또 '훌륭한 과학자'는 '그렇지 못한 과학자'보다 수백 년을 앞서 간다고 말한다.(p. 56)

12 J. T. Desanti, "Sur le rapport traditionnel des sciences et de la

화 기능을 사칭하던 모든 곳에서 어째서 위기에 직면하게 되었으며, 어째서 그런 정당화 기능을 포기할 만큼 충분히 현실주의자가 되어 논리 체계나 사상사 연구로 전락하는가를 설명해 준다.[13]

20세기로 접어들 무렵 빈은 이 같은 비관주의로 옮겨 갔다. 무질(Robert Musil), 크라우스(Karl Kraus), 호프만슈탈(Hugo von Hofmannsthal), 루스(Adolf Loos), 쇤베르크(Arnold Schönberg), 브로흐(Hermann Broch) 같은 예술가들만이 아니라 마흐(Ernst Mach)나 비트겐슈타인 같은 철학자들도 그랬다.[14] 그들은 탈정당화에 대해 취할 수 있는 최대한의 자각과 이론적, 예술적 책임감을

---

philosophie", *La Philosophie silencieuse, ou critique des philosophies de la science*(Paris: Seuil, 1975) 참조.

13 이러한 점에서 대학에서 가르치는 철학을 인문과학 중의 하나로 재편하려는 것은 단순히 직업적인 관심사를 넘어 매우 중요한 문제들을 불러일으킨다. 나는 철학을 정당화하려는 작업이 운명적으로 사라져 버릴 위기에 처해 있다고 생각하지 않는다. 그러나 이러한 작업은 대학이라는 제도와의 연계성을 재고하지 않고서는 가능하지도, 진척되지도 않는다. 이 문제에 관해서는 *Projet d'un institut polytechnique de philosophie*(원고본, Département de philosophie, Université de Paris VIII (Vincennes), 1979) 서문 참조.

14 Allan Janik and Stephan Toulmin, *Wittgenstein's Vienna*(New York: Simon & Schuster, 1973), and J. Piel, ed., "Vienne début d'un siècle", *Critique*(1975), pp. 339~340 참조.

가지고 있었다. 오늘날 우리는 그 애도의 과정이 끝났다고 말할 수 있다. 모든 것을 다시 시작할 필요는 없다. 비트겐슈타인의 강점은 빈 학파가 발전시킨 실증주의[15]를 선택하는 대신 언어 게임 이론을 탐구하면서 수행성에 근거하지 않는 정당화 모델을 확립했다는 사실이다. 이와 더불어 포스트모던 세계에 관계된 모든 것이 오게 되었다. 대부분의 사람들은 상실한 서사에의 향수를 잃어버렸다. 그렇다고 그들이 야만으로 전락했다는 의미는 아니다. 그들이 야만에서 구제되는 것은 자기 자신들의 언어적 실천과 상호 의사소통에서만 정당화가 나올 수 있다는 것을 알게 될 때이다. 과학은 다른 모든 신념에 대해 '웃음을 억지로 참으면서(sourit dans sa barbe)' 그들에게 리얼리즘의 호된 가혹함을 가르쳐 주었다.[16]

---

15 Jürgen Habermas, "Dogmatismus, Vernunft und Entscheidung-Zu Theorie und Praxis in der verwissenschaftlichen Zivilisation"(1963), *Theorie und Praxis*(Eng. trans., *Theory and Practice*, abr. ed. of 4th German ed., trans., John Viertel(Boston: Beacon Press, 1971)) 참조.

16 "La science sourit dans sa barbe"("Science Smiling into its Beard"). Musil 의 *L'homme sans qualité*(*The Man Without Qualities*)의 제1권 72장의 제목이다. J. Bouveresse가 "La problématique du sujet"(5장의 주 3 참조)에서 인용하여 논의하고 있다.

11 연구와 수행성을 통한 그 정당화

다시 과학으로 돌아가 연구의 화용법을 검토하는 데에
서부터 시작해 보자. 연구 화용법의 기본 기제는 현재
중요한 두 가지 변화를 겪고 있다. 논증 방법이 늘고 있
다는 것과 증거 확립 과정에서 복잡성의 수준이 증가하
고 있다는 것이 그것이다.

　다른 누구보다도 아리스토텔레스, 데카르트, 그리
고 존 스튜어트 밀 세 사람은 지시적 발화가 수신자의
동의를 얻어 내는 방식을 지배하는 규칙들을 정하기 위
해 노력했다.[1] 과학 연구는 이런 방식들을 많이 유지하

1　Aristoteles, *Analytics*(ca. 330 B. C.); Descartes, *Regulae ad directionem
ingenii*(1641); Descrartes, *Principes de la philosophie*(1644); John Stuart Mill,
System of Logic(1843) 참조.

고 있지 않다. 앞에서도 말했지만 과학은 그 논증의 성격이 고전적 이성에 도전하는 것 같은 방법들을 사용할수 있고 또 사용하고 있다. 바슐라르가 이 방법의 목록을 작성했지만 그것은 이미 불완전한 것이 되었다.[2]

그렇지만 이들 언어가 작위적으로 채택되는 것은아니다. 이들 언어의 사용은 우리가 화용적이라 부를수 있는 조건에 맞아야 한다. 각각의 언어는 자기 나름의 규칙을 형성해야 하며 수신자가 그 규칙들을 수용하도록 요구해야 한다. 이 조건을 충족시키기 위해 하나의공리가 정의되는데, 이 공리는 제시된 언어에서 사용되는 상징의 정의, 그 언어가 (잘 구성된 표현으로) 받아들여지기 위해 사용해야만 하는 표현 형식, 그리고 받아들여진 표현에 대해 수행될 수 있는 작용의 열거(좁은 의미의공리)를 포함한다.[3]

---

2 Gaston Bachelard, *Le rationalisme appliqué*(Paris: Presses Universitaires de France, 1949); Michel Serres, "La réforme et les sept péchés", *L'Arc* 42(1970)의 바슐라르 특집호 참조.

3 David Hilbert, *Grundlagen der Geometrie*(1899)(Eng. trans., Leo Unger, *Foundations of Geometry*(La Salle: Open Court, 1971)). Le Lionnais가 편집한 *Les grands courants de la pensée mathématique*(Paris: Hermann, 1948)에 실

하지만 하나의 공리가 무엇을 포함해야 하고 또 실제로 무엇을 포함하고 있는지 우리가 어떻게 아는가? 위에 열거된 조건들은 형식적 조건들이다. 특정한 언어가 공리의 형식적 조건들을 충족하고 있는지를 결정해 줄 메타 언어가 있어야 한다. 그 메타 언어는 논리이다.

이 점을 좀 더 명확히 할 필요가 있다. 어떤 사람이 하나의 공리를 확정하고 그런 다음 받아들여질 수 있는 것으로 정의되는 진술을 생산하기 위해 그 공리를 사용하는 것과, 어떤 과학자가 사실을 확정 진술하고 그다음에 자신의 진술에 쓰인 언어의 공리들을 발견하고자 하는 것 사이의 선택은 논리적 선택이 아니라 경험적 선택일 뿐이다. 이 둘 중 어느 쪽을 택할 것인가는 연구자나 철학자들에게 중요하겠지만, 각각의 경우 진술의 타당성 문제는 동일하다.[4]

다음의 질문이 정당화에 더 적절하다. 논리학자는

린 Nicolas Bourbaki, "L'architecture des mathématiques"와 Robert Blanché, *L'axiomatique*(Paris: Presses Universitaires de France, 1955)(Eng. trans., G. B. Keene, *Axiomatics*(New York: Free Press of Glencoe, 1962)) 참조.
4 Blanché, *L'axiomatique* 5장 참조.

어떤 기준에 근거해서 공리가 필요로 하는 특성들을 정의하는가? 과학적 언어의 모형이 있는가? 만약 있다면 단 하나만 있는가? 그것은 검증 가능한가? 형식 체계의 통사(syntaxe)가 일반적으로 필요로 하는 특성들[5]은 일관성,(예컨대 부정에 관해 일관성을 지니지 못한 체계는 어떤 명제와 그 역을 동시에 인정하게 될 것이다.) 통사적 완결성,(만약 어떤 공리 하나가 체계에 첨가되면 체계는 일관성을 상실할 것이다.) 결정 가능성,(어떤 명제가 체계에 속하는지 아닌지를 결정할 효율적인 절차가 있어야 한다.) 다른 공리에 대한 그 공리의 독립성 등이다. 괴델은 수학 체계에는 그 체계 내에서 논증할 수도 없고 반박할 수도 없는 명제가 존재한다는 사실을 효과적으로 입증했다. 이것은 수학 체계가 완결성의 조건을 충족시키지 못하고 있음을 의미한다.[6]

---

5 나는 여기에서 Robert Martin의 *Logique contemporaine et formalisation* (Paris: Presses Universitaires de France, 1964), pp. 33~41, 122ff의 논의를 따르기로 한다.

6 Kurt Gödel, "Über formal unentscheidbare Sätze der Principia Mathematica und verwandter Systeme", *Monatshefte für Mathematik und Physik* 38(1931)(Eng. trans., B. Bletzer, *On Formally Undecidable Propositions of*

이런 상황을 일반화하는 것이 가능하기 때문에 모든 형식 체계가 내적 한계를 가지고 있다는 사실을 인정해야 한다.[7] 이것은 논리에도 적용된다. 논리가 인공 언어(공리)를 설명하는 데 사용하는 메타 언어는 '자연 언어' 또는 '일상 언어'이다. 이 언어는 다른 모든 언어를 번역해 낼 수 있기 때문에 보편적이지만 부정에 관해서는 일관되지 못하다. 그것은 역설의 발생을 허용한다.[8]

이것은 지식의 정당화 문제를 다시 규정할 것을 요구한다. 하나의 지시적 진술이 진리라고 말해질 때 거기에는 그 진술을 결정하고 입증할 공리 체계가 이미 형성되어 있다는 전제와 그 공리를 대화자들이 알고 있다는 전제, 그리고 대화자들이 그 공리를 가능한 한 형식적으로 만족스러운 것으로 받아들인다는 전제 등이 깔

Principia Mathematica and Related Systems(New York: Basic Books, 1962)).

7 Jean Ladrière, *Les limitations internes des formalismes*(Louvain: E. Nauwelaerts, 1957).

8 Alfred Tarski, *Logic, Semantics, Metamathematics*, trans., J. H. Woodger (Oxford: Clarendon Press, 1956); J. P. Desclès and Z. Guentcheva-Desclès, "Métalangue, métalangage, métalinguistique", *Documents de travail* (Università di Urbino, 1977 1, 2월), p. 60~61.

려 있다. 부르바키(Nicolas Bourbaki)학파의 수학이 발전
한 것은 이 같은 생각에서였다.[9] 그러나 이와 유사한 관
찰은 다른 과학 분야에도 적용된다. 여러 가지 과학들은
스스로는 증명될 수 없고 전문가들 사이의 합의 대상에
불과한 기능 규칙들을 가진 언어가 존재한다는 사실 덕
분에 자신의 지위를 유지한다. 그 규칙들 또는 그 규칙의
일부는 요청(demande)이다. 이 요청은 규범 양식이다.

　　그러므로 하나의 과학 진술이 받아들여지기 위해
필요한 논증은 허용 가능한 논증 수단들을 정의해 주는
규칙들의 '최초' 인정(그것은 실상 반복 원칙에 의해 끝없이
쇄신된다.)에 달려 있다. 여기에서 주목할 만한 과학 지식
의 두 가지 특성이 나온다. 수단의 유연성, 다시 말해 과
학 언어의 다원성, 그리고 화용적 게임으로서의 성격이
그 하나이다. 화용적 게임에서 행해지는 '수'(새로운 명제
의 도입)가 인정되느냐의 여부는 게임 참여자들 간에 맺

9　*Les eléments des mathématiques*(Paris: Hermann, 1940~). 이런 작업은
유클리드 기하학의 '공리'를 처음으로 증명하려는 시도들로부터 시작되었다.
Léon Brunschvicg, *Les etapes de la philosophie mathématique*, 3d ed.(Paris:
Presses Universitaires de France, 1947).

어진 계약에 달려 있다. 또 하나의 결과는 지식에 두 가지 서로 다른 '진보'가 있다는 사실이다. 그 하나는 확정된 규칙 내에서 새로운 수(새로운 주장)를 두는 것에 해당하고, 다른 하나는 새로운 규칙을 창안하는 것, 다시 말하면 새로운 게임으로 변화시키는 것에 해당한다.[10]

　이렇게 다시 정리하고 나면 이성 개념에도 분명 큰 변화가 일어난다. 보편적 메타 언어의 원칙은 지시적 진술의 진리성을 주장할 수 있는 형식적, 공리적 체계의 다양성 원칙으로 대체된다. 이들 체계는 보편적이지만 일관되지는 않는 메타 언어에 의해 기술된다. 고전 과학과 근대 과학에서 역설(paradoxe)로, 심지어 배리(paralogisme)로 치부되던 것들이 이들 일부 체계에서는 새로운 설득력을 얻게 되고 전문가 사회에서 받아들여진다.[11] 내가 여기에서 이용하는 언어 게임 방법은 이러한 사상적 흐름 속에서 적절한 지위를 주장할 수 있다.

10　Thomas Kuhn, *Structure of Scientific Revolutions*(7장의 주 9 참조).

11　F. P. Ramsey는 *The Foundations of Mathematics and Other Logical Essays*(New York: Harcourt & Brace, 1931)에서 논리적이고 수리적인 역설들을 분류하고 있다.

연구의 또 하나의 근본적 측면인 증거의 생산은 우리를 전혀 다른 방향으로 인도한다. 원칙적으로 증거는 새로운 진술(예를 들면 법률적 수사학에서 증언이나 물증 제시하기)[12]을 인정받기 위해 고안된 논증 과정의 일부이다. 그러나 그것은 특수한 문제를 제기한다. 지시 대상('현실')이 소환되어 과학자들의 논쟁에서 인용되는 것은 바로 이 지점이다.

증거 문제는 증거 자체가 증명되어야 하기 때문에 문제가 된다는 점을 나는 이미 지적했다. 한 과학자가 먼저 어떻게 증거를 얻었는지 기술한 것을 출판할 수 있다. 그러면 다른 과학자들이 똑같은 과정을 반복함으로써 그 결과를 검토할 수 있다. 그럼에도 사실이 증명되기 위해서는 관찰되어야 한다. 과학적 관찰을 구성하는 것은 무엇인가? 눈이나 귀 또는 감각 기관에 의해 지각되었다는 것인가?[13] 감각은 우리를 현혹시킬 수 있으

---

12 Aristoteles, *Rhetoric* 2. 1393a ff.

13 이것은 증거의 문제이며 동시에 역사적 자료에 대한 문제이기도 하다. 사실이란 풍문으로 알려지는 것인가 아니면 눈으로 직접 봄으로써만(*de visu*) 확립될 수 있는 것인가? 그 구분은 헤로도토스에 의해 이루어진다. F. Hartog, "Hérodote rapsode et arpenteur", *Hérodote* 9(1977): pp. 55~65 참조.

며, 감각의 분별 범위와 힘은 제한되어 있다.

여기가 기술이 개입하는 부분이다. 기술 장치는 인간 신체 기관의 인공적 보조물로서 또는 자료를 받아들이거나 맥락을 조건 짓는 기능을 가진 생리적 체계로 출발했다.[14] 이 장치들은 하나의 원칙을 지키는데 그것이 바로 수행성의 최적화이다. 즉 산출(획득된 정보나 변화)을 최대화하고 투입(그 과정에서 소모된 에너지)을 최소화하는 것이다.[15] 그러므로 기술은 진리, 정의, 아름다움 등과 관계된 게임이 아니라 효율성과 관련된 게임이다. 하나의 기술적 '수'는 다른 기술보다 적은 에너지를 사용하거나 더 효과적으로 작용할 때 또는 양자를 동시에 할 때 '좋은' 수이다.

이러한 기술적 능력의 정의는 늦게 발달했다. 오랜 기간 동안 발명은 간헐적으로 연구의 우연한 결과로 이루어졌거나, 지식보다는 기술(technai)과 관련된 연구의

---

14   A. Gehlen, "Die Technik in der Sichtweise der Anthropologie", *Antbropologische Forschung*(Hamburg: Rowohlt, 1961).

15   André Leroi-Gourhan, *Milieu et techniques*(Paris: Albin-Michel, 1945); *Le geste et la parole* I, *Technique et langage*(Paris: Albin-Michel, 1964).

11 연구와 수행성을 통한 그 정당화

결과였다. 고전 그리스 시대에는 예컨대 지식과 기술 사이에 긴밀한 관계가 없었다.[16] 16, 17세기까지도 '탐구자들'의 업적은 호기심과 기술 혁신의 문제였다.[17] 이는 18세기 말까지도 그랬다.[18] 오늘날까지도 브리콜라주(bricolage)와 더러 관계가 있는 '엉뚱한' 기술 발명 행위는 과학적 논증의 요구 밖에서 진행되고 있다.[19]

그렇지만 과학 지식의 화용법이 전통적 지식이나 계시에 기초한 지식을 대체하게 되면서 증거의 필요성은 더욱더 커지고 있다. 『방법 서설』 후반부에서 데카르트도 이미 실험실 기금을 요구하고 있다. 여기에서 새로

16　Jean Pierre Vernant, *Mythe et pensée chez les Grecs*(Paris: Maspero, 1965), 특히 4장 "Le travail et la pensée technique."(Eng. trans., Janet Lloyd, *Myth and Society in Ancient Greece*(Brighton, Eng.: Harvester Press, 1980)) 참조.

17　Jurgis Baltrusaitis, *Anamorphoses, ou magie artificielle des effets merveilleux*(Paris: O. Perrin, 1969)(Eng. trans., W. J. Strachan, *Anamorphic Art*(New York: Abrams, 1977)).

18　Lewis Mumford, *Technics and Civilization*(New York: Harcourt, Brace, 1963); Bertrand Gille, *Historie des techniques*(Paris: Gallimard, Pléiade, 1978).

19　상대성 이론의 어떤 함축된 의미를 증명하기 위해 아마추어 무선 통신이 이용되는 놀랄 만한 예는 M. J. Mulkay and D. O. Edge의 "Cognitive, Technical and Social Factors in the Growth of Radio Astronomy", *Social Science Information* 12. 6(1973), pp. 25~61 참조.

운 문제가 생겨난다. 증거 생산의 목적을 위해 인간 신체의 수행성을 최대로 높여 줄 장치들은 또 다른 지출 비용을 필요로 한다. 돈이 없으면 증거도 없으며, 이는 진술의 검증이나 진리도 없다는 것을 의미한다. 과학 언어 게임은 부자들의 게임이 된다. 가장 돈 많은 자가 올바를 수 있는 기회를 가장 많이 가지게 된다. 그래서 부와 효율성과 진리 사이에 등식이 성립한다.

이 등식의 상응물이 발견된 것은 18세기 말 제1차 산업 혁명과 더불어서였다. 부가 없으면 기술이 없지만 기술이 없으면 부도 없다. 기술 장치는 투자를 필요로 한다. 그러나 투자는 투자된 일의 효율성을 최적화하기 때문에 그 수행성 증대로부터 발생한 잉여 가치도 최적화한다. 필요한 것은 잉여 가치의 실현, 다시 말해 수행된 일의 생산품이 팔리는 일이다. 따라서 체계는 이렇게 봉인될 수 있다. 즉, 일정 판매액이 미래의 수행성을 증대시키기 위한 연구 기금으로 재투자된다. 과학이 생산력이 되는 것은 정확히 이 지점에서이다. 다시 말하면 자본 순환의 바로 이 지점에서 과학이 생산력이 되는 것이다.

11 연구와 수행성을 통한 그 정당화

기술에 최초로 수행성 증대와 생산물 실현의 명령을 강제한 것은 지식에 대한 욕구라기보다 오히려 부에 대한 욕구였다. 기술과 이윤의 '유기적' 관계가 기술과 과학의 일치보다 선행했던 것이다. 기술이 현대 지식에서 중요하게 된 것은 일반화된 수행성의 정신을 매개로 해서만이다. 오늘날에도 지식의 진보가 전적으로 기술 투자에 종속되지는 않는다.[20]

자본주의는 연구 자금 지원이라는 과학의 문제를 자기 나름의 방식으로 해결한다. 직접적으로는 민간 기

---

20 Mulkay는 *The Sociological Review* 33(1976), pp. 509~526에 실린 "The Model of Branching"에서 기술과 과학 지식 간의 상대적인 자율성을 허용하는 신축성 있는 모델을 제시한다. "Brooks Report"(OCDE, June 1971)의 공저자이며 국립과학협회의 과학과사회위원회 회장이기도 한 H. Brooks는 연구와 발전에 부여된 1960년대의 투자 방식을 비판하면서 다음과 같이 선언한다. "인류가 달에 도착한 결과 중의 하나는 기술 혁신에 드는 비용을 단순히 너무나 막대하다고 불러도 좋을 정도까지 증가시켰다는 것이다. …… 연구란 상당한 기간을 필요로 하는 활동이다. 연구 실적의 급작스러운 증가나 감소는 몰래 막대한 비용을 투자했거나 연구자들이 매우 무능력하다는 것을 증명할 뿐이다. 지적인 생산이란 어떤 일정한 속도를 벗어날 수 없다."("Les États-Unis ont-ils une politique de la science?", *La Recherche* 14(1971), p. 611) 1972년 3월 백악관의 과학 자문 위원이며 RANN(국가적인 필요에 적합한 연구)을 입안한 E. E. David Jr.도 비슷한 결론을 내렸다. 연구를 위해서는 광범하고 융통성 있는 전략이 필요하고 발전을 위해서는 보다 제한적인 전술이 필요하다.(*La Recherche* 21(1972), p. 211)

업의 연구 분과에 돈을 대 주는 것인데, 이 경우 가장 우선적으로 기술 '적용'을 지향하는 수행성과 재상업화 연구를 요구한다. 간접적으로는 작업 결과의 직접적인 수익성은 기대하지 않은 채 민간, 국가, 또는 국가와 민간의 합작 연구 기금을 조성하여 대학의 학과나 연구 실험실, 독립 연구 집단 등에 보조금을 지급하는 방식을 취한다. 이는 이윤율이 아주 높은 결정적 혁신 가능성을 높이자면 어느 정도의 시간 손실이 생기는 것에도 연구 자금을 대 줘야 한다는 이론에 근거한 것이다.[21] 특히 케인스 시대에 국민 국가는 이 규칙에 따라 한편으로는 실용적 연구에 투자하고 다른 한편으로는 기초 연구에 투자했다. 국가는 일련의 기구들을 통해 기업과 협조한다.[22] 노동 관리의 지배적인 기업 규범들이 응용과학 실

---

21 이것이 1937년 프린스턴의 대중매체연구소 설립에 동의한 Lazarsfeld가 내건 조건들 중 하나이다. 이것은 사람들을 약간 긴장시켰는데 라디오 산업이 그 계획에 투자하기를 거부했기 때문이다. 사람들은 Lazarsfeld가 일을 시작했지만 아무것도 성취하지 못했다고 말했지만 Lazarsfeld 자신은 Morrison에게 이렇게 말했다. "나는 항상 어떤 것들을 결합해 놓고 그것이 작동하기를 원했다." (D. Morrison이 "The Beginning of Modern Mass Communication Research", *Archives européennes de sociologie* 19, no. 2(1978), pp. 347~359에서 인용)

22 미국의 경우 1956년 연방 정부가 연구와 개발에 할당한 기금은 민간 자본

험실로 퍼져 들어가고 있다. 예를 들면 위계 제도, 중앙 집권식 정책 결정, 팀 작업, 개인별 또는 집단별 보상 제도, 판매용 프로그램 개발, 시장 조사 등이다.[23] '순수' 연구를 담당하는 연구센터들은 이런 규범의 영향을 덜 받는 대신 지원금 혜택도 적다.

증거의 생산은 원칙적으로는 과학적 메시지의 수신자들로부터 동의를 얻어 내는 논증 과정의 일부일 뿐이지만 결국 다른 종류의 언어 게임의 지배를 받는다. 이 다른 게임의 목표는 더 이상 진리가 아니라 수행성, 즉 가능한 최상의 투자/산출 등식이다. 국가나 기업 또는 이 양자는 새로운 목표를 정당화하기 위해 관념적이고 인본주의적인 정당화 서사를 포기해야 한다. 오늘날 연구 자금을 후원하는 사람들의 담론에서 유일하게 믿

으로부터 모아진 보조금과 그 액수가 같았다. 그 이후로 정부 보조 기금은 점점 증가한다.(OCDE, 1956)

23 Robert Nisbet, *Degradation* (9장의 주 10), 5장에서는 좀 더 발전된 형태의 자본주의가 학과들과는 아무 관계가 없는 연구소의 형태로 대학에 침투하게 된 것을 비통한 어조로 묘사하고 있다. 그러한 연구소들이 만들어 내는 사회적 관계들은 학문적 전통을 방해하기 때문이다. *(Auto)critique de la science*에 있는 "Le prolétariat scientifique", "Les chercheurs", "La Crise des mandarins" 등을 참조.

을 만한 목표는 권력이다. 과학자, 기술자, 연구 기관들은 진리를 발견하기 위해서가 아니라 권력을 확대하기 위해 구매된다.

문제는 권력 담론이 무엇으로 이루어져 있는가 하는 점과 과연 권력 담론이 정당화를 할 수 있는가이다. 언뜻 보기에 이는 힘과 정의, 또는 힘과 지혜 사이의 전통적 구분, 다시 말해 강한 것과 정의로운 것과 진실한 것 사이의 구분으로 인해 불가능할 것 같다. 내가 앞에서 지시적 게임(여기에서 타당성은 진위의 구별이다.)을 규범적 게임(여기에는 정의와 불의의 구분이 해당된다.)이나 기술적 게임(여기에서 기준은 효율과 비효율을 구분하는 것이다.)으로부터 구분했을 때 언어 게임 이론의 관점에서 바로 이 통약 불가능성을 언급했다. '권력'은 오로지 마지막 게임, 즉 기술 게임에 속하는 것 같다. 여기에서 공포를 권력 행사의 수단으로 삼는 경우는 배제된다. 이 경우는 언어 게임 영역 밖에 있다. 왜냐하면 공포에 근거한 권력의 효율성은 게임 상대보다 더 나은 '수'를 두는 것이 아니라 전적으로 상대를 제거하려는 위협에 기초해 있기 때문이다. 효율성(즉 의도된 효과의 성취)이 "말을 하거나 일을 해라, 그렇지 않으면 다시는 말하지 못하도록 만들어 주겠다."와 같은 진술에서 얻어진다면 우리는 공포의 영역에 있는 셈이며 사회적 유대는 깨진 것이다.

그러나 수행성이 증거 생산 능력을 증가시켜 주기 때문에 올바를 수 있는 능력 역시 증가시킨다는 사실은 여전히 남는다. 대규모로 과학 지식의 영역에 도입된 기술의 기준은 진리의 기준에도 영향을 미치지 않을 수 없다. 정의와 수행성의 관계에 대해서도 똑같은 말들을 해 왔다. 하나의 명령이 정의롭다고 선언될 수 있는 가능성은 명령의 실행 기회와 함께 커진다고 주장되어 왔는데, 이것이 결국 명령을 내리는 자의 수행 능력도 함께 증가시키는 것이다. 여기에서 루만은 후기 산업 사회에서는 법률의 규범성이 절차의 수행성으로 대체된다는 가설을 끌어냈다.[24] '맥락 통제', 다시 말해 맥락을 형성하는 게임 참여자(그것이 '자연'이건 인간이건)들을 희

---

24 Niklas Luhmann, *Legitimation durch Verfahren* (Neuweid: Luchterhand, 1969).

생하고 얻어진 수행성 증대는 일종의 정당화로 통할 수 있다.[25] 이것은 사실상의 정당화이다.

이 절차는 다음과 같은 틀 속에서 작동한다. 과학 논증에서 증거로 사용되는 근거를 제공하며 그 결과 발생하는 법률적, 윤리적, 정치적 성격의 규범과 약속을 제공하는 것이 '현실'이기 때문에 우리는 '현실'을 통제함으로써 이 모든 게임들을 통제할 수 있다. 정확히 기술이 할 수 있는 일이 그것이다. 기술을 강화함으로써 우리는 현실을 '강화하게' 되며 그 결과 정의롭고 올바를 수 있는 기회도 증가한다. 마찬가지로, 우리가 과학 지식과 정책 결정의 권위에 다가갈 수 있다면 기술도 더욱더 효율화된다.

이것이 권력에 의해 정당화가 이루어지는 방식이다. 권력은 훌륭한 수행성일 뿐 아니라 효율적인 검증이자 훌륭한 평결이기도 하다. 그것은 과학과 법률을 효율

---

25 Luhmann에 대해 언급하면서 Mueller는 이렇게 쓴다. "고도로 발전된 산업 사회에서 합법적이고 합리적인 정당화는 기술이 가져오는 정당화로 대체된다. 기술이 초래한 정당화는 시민들이 갖는 신념이나 도덕 그 자체에 아무런 주의도 기울이지 않는다."(*Politics of Communication*, p. 135) 하버마스의 *Theory and Practice*에 기술의 문제에 관한 독일 자료들의 목록이 소개되어 있다.

성에 기초해서 정당화하며, 그 효율성을 과학과 법률에 기초해서 정당화한다. 이것은 수행성 극대화를 중심으로 조직된 체계가 보여 주는 것과 동일한 방식의 자기 정당화 과정이다.[26] 오늘날 사회의 전면적 컴퓨터화는 바로 이런 식의 맥락 통제를 초래하게 된다. 발화의 수행성은 그것이 지시적이든 규범적이든 처리 가능한 지시 대상에 대한 정보량에 비례해서 증가한다. 그러므로 오늘날 권력의 강화와 자기 정당화는 데이터 저장과 접근성, 그리고 정보의 작동 효과의 길을 택한다.

과학과 기술의 관계는 역전되었다. 여기에서 논증의 복잡성이 문제가 되는데, 그것은 특히 논증이 더 세련된 증거 확보 능력을 필요로 하기 때문이며 그 결과 수행성도 좋아지기 때문이다. 연구 기금은 이와 같은 권력 강화의 논리에 따라 국가, 기업, 그리고 국영 기업에 할당된다. 간접적으로라도 체계의 수행성 최적화에 기

---

26 "Comment contrôler la vérité? Remarques illustrées par des assertions dangereuses et pernicieuses en tout genre", *Actes de la recherche en science sociales* 25(1979): pp. 1~22에서 Gilles Fauconnier는 진리 규제에 대한 언어학적 분석을 제시하고 있다.

여한다고 주장할 수 없는 연구 분야들은 자본의 유통에서 버림받게 되며 쇠퇴할 수밖에 없다. 특정 연구센터에의 보조금 지급 거부를 정당화하기 위해 당국은 공공연히 이 수행성의 기준을 요구한다.[27]

27 1970년 영국의 대학기금위원회에 따르면 이 기준은 "생산성이나 전문화, 과목 집중, 비용 억제를 통한 건물의 규제 등에 있어 훨씬 더 긍정적인 역할을 할 것이라 기대되었다."(*The Politics of Education: Edward Boyle and Anthony Crosland in Conversation with Maurice Kogan*(Harmondsworth, Eng.: Penguin, 1971), p. 196) 이것은 앞서 인용된(11장의 주 20) Brooks의 선언과 모순되는 것처럼 보인다. 그러나 1) Edwards가 다른 곳에서 이야기한 것처럼 전략은 개방적일 수 있지만 전술은 하나로 제한되어야 한다. 2) 공공 기관들의 위계질서 내에서 신뢰성은 그것이 갖는 가장 협의의 뜻으로 자주 사용된다. 즉 신뢰성은 계획을 믿음직하게 실천할 수 있다는 것을 보장하는 능력이다. 3) 공공 기관들이 사적인 집단의 압력에서 항상 자유로운 것은 아니다. 사적인 집단들의 수행 기준은 즉각적인 결속력을 갖기 때문이다. 연구에 있어 기술 혁신의 기회들이 수학적으로 산출될 수 없는 것이라면 대중들은 기간을 고정해 놓고 효율성을 평가하는 것과는 다른 방식으로 연구를 도와야 한다고 생각하게 된다.

1ᄅ 교육과 수행성을 통한 그 정당화

지식의 다른 측면들(지식의 전수나 교육 같은 측면들)이 수행성 기준의 지배로부터 어떤 영향을 받을지 설명하기는 쉽다.

확립된 지식 체계가 있다는 생각을 받아들인다면 화용적 관점에서 본 지식 전수 문제는 다음과 같은 일련의 질문들로 나눌 수 있다. 누가 지식을 전수하는가? 무엇이 전수되는가? 누구에게 전수되는가? 전수 매체는 무엇인가? 어떤 형태로 전수되는가? 전수 효과는 무엇인가?[1] 대학의 정책은 이러한 질문들에 대한 일련의

---

1 1939년에서 40년 사이에 프린스턴의 무선연구소에서 행해진 Lazarsfeld 의 세미나에서 Laswell은 의사소통의 과정을 다음과 같이 공식화했다. "누가 누구에게 무엇을 어떤 경로를 통해서 얼마나 효율적으로 전달하는가?" D.

일관된 대답으로 이루어진다.

사회 체계의 수행성을 타당성의 기준으로 채택할 경우, 즉 체계 이론의 관점을 채택한다면 고등 교육은 그 사회 체계의 하위 체계가 되며 이들 각각의 문제에 대해 똑같은 수행성 기준들이 적용된다.

기대되는 목표는 사회 체계의 최대 수행성에 고등 교육이 최적의 기여를 하는 것이 된다. 따라서 고등 교육은 사회 체계에 필수적인 기능을 창출해 내야 할 것이다. 여기에는 두 가지 종류가 있다. 첫째는 세계적 경쟁에 맞설 수 있도록 특수하게 계획된 기능이다. 국민 국가나 주요 교육 기관들이 세계 시장에 내다 팔 수 있는 '전문성'이 무엇인가에 따라 그 기능은 달라진다. 우리의 일반 가설이 옳다면 이 책 앞부분에서 언급한 첨단 분야의 전문가들이나 중급, 고급 관리 실무자들에 대한 수요가 급증할 것이다. 몇 년 안에 그렇게 될 것이다. '텔레마티크' 전문가(컴퓨터학자, 인공두뇌학자, 언어학자, 수학자, 논리학자) 양성에 활용할 수 있는 분야가 교육

Morrison, "Beginning" 참조.

에서 가장 각광을 받을 것이다. 의학과 생물학이 그랬던 것처럼 이들 전문가의 수적 증가는 다른 여러 지식 분야의 연구 속도를 가속화시킬 테니까 이러한 현상은 더욱 심해질 것이다.

둘째로, 역시 똑같은 일반적 가정 아래서 고등 교육은 사회 체계 자체의 필요를 충족시켜 주는 기술을 계속 공급해야 하는데, 그것은 사회의 내적 응집력을 유지시키는 데 도움을 준다. 과거에 이 작업은 거의 대부분 해방 서사에 의해 정당화되던 일반적 생활 양식의 형성과 확산을 의미했다. 탈정당화의 문맥에서는 대학과 고등 교육 기관들이 더 이상 이상이 아니라 기술을 양성할 것을 요구받는다. 대학과 고등 교육 기관들은 더 많은 박사들, 특정 분야의 더 많은 교사들, 그리고 더 많은 기술자들과 더 많은 관리자들을 양성해야 한다. 지식의 전수는 이제 더 이상 민족의 해방을 지도할 엘리트 양성을 목표로 삼는 것이 아니라, 제도가 요구하는 화용적 지위에서 자신의 역할을 적절하고 충분하게 수행할 수 있는 게임 참여자들을 사회 체계에 공급해 주는 것을 목표로 삼는다.[2]

고등 교육의 목표가 기능적이라면 그 수신자들은 어떻게 되는가? 학생은 이미 변했으며 앞으로 분명 더 많이 변할 것이다. 학생은 이제 더 이상 해방이라는 용어로 이해되는 사회 진보의 위대한 과업에 어느 정도 관심을 가진 '자유주의 엘리트'[3] 집단의 젊은이가 아니다. 이런 의미에서 인본주의적 해방 원리에 따라 성립된 '민주적' 대학, 즉 입학시험이 없고, 학생 1인당 등록금을 계산해 볼 때 학생과 사회에 비용이 적게 들며 등록생 수가 많은 대학[4]은 오늘날 수행성 측면에서 기여

---

2 Parsons는 이것을 도구적 행동주의(activisme instrumental)라 규정하고 인식론적인 합리성(connaissance rationelle)과 혼동할 정도로까지 찬양한다. "인식론적 합리성에로의 편향은 도구적 행동주의를 기반으로 하는 대중문화 속에 암시되어 있다. 인식론적 합리성이 다소 명확한 형태를 지니고 있고 지식인들 사이에서 더 높이 평가될 뿐이다. 인식론적 합리성이 지식인들의 직업적 추구에 있어 더욱 명확하게 적용될 수 있기 때문이다."(Talcott Parsons and Gerald M. Platt, "Considerations on the American Academic Systems", *Minerva* 6(Summer 1968), p. 507. Alain Touraine이 *Université et société*, p. 146에서 인용.)

3 Mueller는 전문적인 지식 계급(professional intelligentsia)을 기술적인 지식 계급(technical intelligentsia)과 대치시킨다. John Kenneth Galbraith처럼 그도 기술이 불러일으킨 정당화에 직면한 전문 지식 계급의 놀라움과 저항을 묘사하고 있다.(*Politics of Communication*, pp. 172~177)

4 1970~1971학년도 초에 캐나다, 미국, 소련, 유고슬라비아에서 19살 아이들의 30~40%가 고등 교육을 받기 위해 학교에 등록했다. 독일, 프랑스, 영국, 일

---

12 교육과 수행성을 통한 그 정당화

하는 바가 거의 없다.[5] 고등 교육은 사실상 이미 커다란 재조정을 겪고 있다. 그것은 행정 조치와 새로운 이용자들의 사회적 수요(수요 자체를 통제하기가 상당히 힘들다.)에 지배 받고 있다. 재조정 경향은 고등 교육의 기능을 두 가지 넓은 업무 범주로 나누는 쪽으로 나아가고 있다.

전문직 양성 기능에서 고등 교육은 점점 더 자유주의 엘리트들의 젊은 자녀들을 향하고 있다. 고등 교육은 이들에게 각각의 전문직에 필요하다고 판단되는 능력을 전수한다. 이 젊은이들은 이런저런 통로(예컨대 특수 공업대학)를 통해 새로운 기술과 연관된 새로운 지식 영역의 수신자들과 합류한다. 그러나 이러한 기관들도 모

본 그리고 네덜란드에서는 20%가 등록했다. 이 모든 나라들은 등록한 학생들의 수가 1959년 이래 2~3배의 증가를 보여 준다. 같은 자료에 따르면,(M. Devèze, *Histoire contemporaine de l'université*(Paris: SEDES, 1976), pp. 439~440) 전체 인구에서 학생이 차지하는 비율도 서유럽에서는 약 4%에서 10%로, 캐나다에서는 6.1%에서 21.3%로 미국에서는 15.1%에서 32.5%로 증가했다.

5 프랑스에서는 고등 교육을 위한 전체 예산이 (국립과학연구센터(CNRS)를 제외하고도) 1968년 30억 7500만 프랑에서 1975년 54억 5400만 프랑으로 증가했지만 국민총생산에서 예산이 차지하는 비율은 0.55%에서 0.39%로 오히려 감소했다. 봉급이나 운영비, 장학금 등에서는 절대적으로 수치가 증가했지만 연구 보조비는 예전과 거의 같은 수준에 머물러 있다.(M. Devèze, *Histoire*, pp. 447~450) E. E. David는 1970년도 박사 학위 청구 건수가 1960년대보다 거의 증가하지 않았다고 말한다.(p. 212)

두 결국은 동일한 교육 모델을 따른다. 이들은 다 같이 아직은 '경제활동적'이지 않는 젊은이들이다.

'전문 지식인'과 '기술 지식인'을 재생산하는 이 두 부류의 학생들[6] 이외에 현재 대학에 남아 있는 젊은이들은 대부분 직업을 갖고 있지 않다. 이들은 자기 분야 (문과나 인문과학 분야)의 고용 기회보다 수적으로 더 많지만 통계에선 취업 희망자로 처리되지 않는다. 실제 나이에도 불구하고 이들은 실상 새로운 지식 수신자 범주에 속한다.

왜냐하면 전문직 양성 기능 외에 대학은 체계의 수행성을 증대시키기 위해 새로운 한 가지 역할, 즉 직업 재교육과 평생 교육을 이미 떠맡기 시작했거나 떠맡아야 하기 때문이다.[7] 대학이나 학과나 전문직 성격을 갖

---

6 Mueller의 용어. *Politics of Communication* 참조.

7 이것이 바로 J. Dofny와 M. Rioux가 '문화적 훈련'이라는 항목 아래 논의했던 것이다. "Inventaire et bilan de quelques expériences d'intervention de l'université", *L'Université dans son milieu: action et responsabilité*(AUPELF conference, Université de Montréal, 1971), pp. 155~162. 저자들은 그들이 미국 대학의 두 가지 유형이라고 부른 것들을 비판한다. 첫 번째 유형은 리버럴 아트 칼리지(liberal art college)이다. 여기에서는 가르침과 연구가 거의 전적으로 사회의 요구와 동떨어져 있다. 또 하나는 '다원대학(multiversity)'으

고 있는 연구소 바깥에서는 지식이 더 이상 노동력으로
투입되기 전의 젊은이들에게 단번에 일괄적(en bloc)으
로 전수되지 않을 것이다. 오히려 지식은 이미 일하고
있거나 앞으로 일할 것이 예상되는 성인들에게 '단품
메뉴처럼(a la carte)' 제공될 것이다. 이 경우 지식 전수
의 목적은 이들의 기술과 승진 기회를 증대시켜 주거나,
아니면 그들이 직업 지평을 넓히고 동시에 기술적 윤리
적 경험을 살릴 수 있는 정보나 언어, 그리고 언어 게임
을 습득하도록 도와주는 것이다.[8]

　　지식 전수의 새로운 방향에 갈등이 없는 것은 아니

로 사회가 그 비용을 지불하면 어떤 프로그램도 기꺼이 시행하려는 대학이다.
이 제도에 관해서는 Clark Kerr, *The Uses of the University: With a Postscript–
1972*(Cambridge, Mass.: Harvard University Press, 1972)을 참조하라. 비슷
한 논의이지만 Dofny and Rioux는 사회 내에서 대학에 대한 간섭주의를 배제
하고 있다. 미래의 대학을 묘사한 것으로는 같은 세미나에서 발표된 Alliot의
논문 참조. "Structures optimales de l'institution universitaire", 위의 책, pp.
141~154. M. Alliot는 이렇게 결론짓는다. "우리는 정말로 구조가 거의 존재하
지 않아도 될 때 구조를 신봉한다." 이것은 실험학교(Centre expérimental)의
목표이기도 했는데 이 학교는 1968년 파리 제8대학교로 설립되었다. 이 점에 대
해서는 *Vincennes ou le désir d'apprendre*(Paris: Alain-Moreau, 1979)의 기록
들을 참조.
8　뱅센 대학교(파리제8대학교)의 많은 학과들이 이 경우에 해당한다고 느끼
는 것은 필자 자신의 개인적 경험에 의한 것이다.

다. 전문 직종의 향상은 체계의 이해와 '정책 결정자들'의 이해에 놓여 있는 만큼,(왜냐하면 그것이 전체의 수행성만 증대시켜 줄 테니까) 담론, 제도, 가치에 대한 것은 어떤 실험(이런 실험은 사회 정치적 영향은 차치하고서라도 필경 교과 과정과 학생 감독, 그리고 시험과 교육에 '무질서'를 초래할 것이다.)일지라도 작동 가치가 거의 없거나 아예 없는 것으로 간주되며, 체계의 진정성이라는 이름 아래 최소한의 신뢰도 받지 못한다. 그런 실험은 기능주의로부터의 탈출구를 제공한다. 과거 그런 방향을 제시한 것이 바로 기능주의 자체이기 때문에 이와 같은 실험이 가볍게 무시되어서는 안 된다.[9] 그러나 실험에 대한 책임은 대학 외부 공간에 넘겨줘야 한다고 생각하는 것이 좋을 것 같다.[10]

---

9   1968년 11월 12일 고등 교육에 대한 개정된 법률은 전문적인 의미에 있어서 평생 교육을 고등 교육이 수행해야 할 임무들 중의 하나로 포함시켰다. 평생 교육은 "자신의 능력에 따라 승진의 기회나 직장을 바꿀 기회를 제공하기 위해 이미 학생 시절이 지나간 사람들, 또는 공부를 할 수 없었던 사람들에게 개방되어야 한다."

10   일찍이 「대학살」이란 연속물을 채널 2를 통해 공립학교 학생들에게 상영할 것을 공식적으로 추천했던(이것은 전혀 예측할 수 없었던 일이었다.) 프랑스 교육부 장관은 1979년 3월 17일 *Télé-sept-jours* 981과의 대담에서 교육 분야에서

어쨌거나 수행성 원칙이 따라야 할 정책을 항상 적시하지는 않는다 해도, 그것의 전반적 효과는 고등 교육 기관을 현존 권력에 종속시키는 것이다. 지식 그 자체가 목적(이데아의 실현 또는 인간의 해방)이기를 그만두는 순간부터 지식의 전수는 이제 학자들과 학생들만의 배타적 책임 사항은 아니게 된다. '대학의 특권'이라는 개념은 이제 옛날이야기가 되어 버렸다. 1960년대 말 위기 이후 대학에 부여되었던 '자율성'은 교수자 집단이 대학 예산을 결정할 권한이 실질적으로 어디에도 없다는 사실을 놓고 볼 때 거의 의미를 갖지 못한다.[11] 교수들이 기껏 할 수 있는 일이란 자신들에게 할당된 금액을 분배하는 것이다. 그것도 자금 할당 과정에서 마지막 단계에 관여할 뿐이다.[12]

독립적인 시청각 자료를 개발하려는 시도가 실패로 돌아갔다고 선언했다. 그는 "교육이 우선적으로 해야 할 일은 아이들이 텔레비전에서 자신의 프로그램을 어떻게 선택하느냐를 가르치는 것이다."라고 말한다.

11 영국에서는 대학의 순수 지출과 운영비에 대한 국고 보조금이 1920년과 1960년 사이에 30%에서 80%로 증가했다. 대학들이 요구하는 보조금과 발전 계획을 충분히 검토한 후 연간 보조금을 책정하는 것은 바로 교육부 대학 학무 국에 소속되어 있는 대학발전기금위원회이다. 미국에서는 대학의 평의원들이 거의 전권을 행사한다.

그러면 고등 교육에서 전수되는 내용은 무엇인가? 우리 자신을 협소한 기능주의적 관점으로 제한할 경우 전문직 교육에서 필수적으로 전수되는 것은 기성 지식의 조직적 재고(stock)이다. 이 재고에 새로운 기술을 적용하면 전달 매개에 상당한 영향을 미칠 것이다. 교수자가 침묵하는 학생들 앞에 서서 직접 전달하는 강의식 매개가 절대적으로 필요할 것 같지는 않다. 이 경우 질문은 조교가 담당하는 시간이나 '실습' 시간으로 넘겨진다. 지식이 컴퓨터 언어로 번역될 수 있고 전통적 교수자가 메모리 뱅크로 대체될 수 있는 만큼 교수법도 기계에 의존할 수 있게 된다. 이 경우 기계는 전통적 메모리 뱅크(도서관 같은 것)와 컴퓨터 메모리 뱅크를 학생들 앞에 놓인 지능 단말기에 연결해 준다.

　　이로 인해 교육이 반드시 상처받을 필요는 없다. 학생들은 여전히 뭔가를 배워야 한다. 물론 이제 그것은

12　프랑스에서 그것은 운영비와 시설 구입비로 책정되어 있던 기금을 각 과에 분배해 주는 것을 의미한다. 임시 고용직인 경우 강사들은 봉급에 관해서만 힘을 미칠 수 있다. 여러 가지 기획들과 운영을 재조직하기 위한 예산은 대학에 할당된 전체 교육 예산으로부터 나온다.

내용이 아니라 단말기 사용법이 된다. 한편으로 보면 이는 새로운 언어를 가르친다는 의미이고, 다른 한편으로 보면 질문의 언어 게임을 다루기 위한 좀 더 세련된 능력을 가르친다는 말이 된다. 질문이 어디로 향해야 하는가, 다시 말하면 알아야 할 내용에 걸맞는 메모리 뱅크는 무엇인가? 오해를 피하려면 어떻게 질문을 구성해야 하는가?[13] 이렇게 볼 때 정보공학의 기초 교육, 그중에서도 특히 텔레마티크는 교양의 기초 필수 과목이 되어야 한다. 텔레마티크는 오늘날 예컨대 외국어 해독력이 차지하고 있는 위상과 같아질 것이다.[14]

　기계가 선생의 역할을 부분적으로 대체하는 것이 부적절하거나 참을 수 없는 것처럼 보이는 것은 단지 정당화의 거대 서사, 예컨대 정신의 생명이나 인류의 해방, 또는 그 두 가지 모두와 같은 거대 서사의 문맥 속에서뿐이다. 그러나 이러한 거대 서사는 이제 더 이상 지

13　Marshall McLuhan, *Essays*(Montreal: Hartubise Ltd., 1977); P. Antoine, "Comment s'informer?" *Projet* 124(1978), pp. 395~413.
14　일본에서는 학교에서 명석한 지능 단말기를 사용할 수 있도록 가르치고 있다. 캐나다에서 단말기들은 지리적으로 격리되어 있는 종합 대학이나 대학의 학과들 간에 정기적으로 사용되고 있다.

식 습득의 이해를 좌우하는 주된 추진력이 아닐 것이다. 그 추동력이 권력에 있다면 고전적 교수법의 이런 측면은 타당하지 않게 된다. 이제 공공연하게든 암묵적이든 전문직 추구 학생, 국가, 또는 고등 교육 기관이 제기하는 질문은 더 이상 "그것이 진리인가?"가 아니라 "그것은 무슨 소용이 있는가?"이다. 지식의 중상주의화라는 맥락에서 이 질문은 흔히 "그것이 잘 팔리는가?"와 똑같은 물음이다. 권력 확장의 맥락에서는 "그것은 효율적인가?"라는 질문과 동일하다. 수행성을 지향하는 기술 분야에서 능력을 가지고 있다는 것은 앞서 언급한 조건에서 실제로 팔릴 수 있다는 말이며, 그것은 당연히 효율적이다. 진/위나 정의/불의의 기준에 의해 규정된 능력은 더 이상 등급을 매길 수 없으며, 낮은 수행성도 마찬가지로 등급을 매길 수 없게 된다.

이런 조건은 작동 기술 능력에게 광대한 시장 가능성을 창출해 준다. 이런 종류의 지식을 소유한 사람은 제안이나 심지어 유인 정책의 대상이 될 것이다.[15] 이

---

15 2차 세계대전 전부터 이미 미국의 연구소들은 이러한 정책을 추진해 왔다.

렇게 볼 때 우리가 가까이 가고 있는 세계는 지식의 종말이 아니라 오히려 그 반대이다. 데이터 뱅크는 미래의 백과사전이다. 데이터 뱅크는 개별 사용자의 능력을 넘어선다. 데이터 뱅크는 포스트모던 인간(homme postmoderne)의 '자연'이다.[16]

하지만 교수법이 단지 정보의 전달로만 이루어져 있지는 않다는 사실을 주목해야 한다. 그리고 심지어 수행 기능이라고 정의되는 능력조차도 단지 자료 기억력이 좋거나 컴퓨터를 능숙하게 사용할 수 있는 능력으로 환원되지는 않는다. '지금 당장' 어떤 문제를 풀기 위해 적절한 데이터를 활용할 수 있는 능력과 그 데이터를 효율적 전략으로 조직할 수 있는 능력이 가장 중요하다는 점은 기본 상식이다.

완벽한 정보 게임이 아닌 한, 지식을 지닌 채 정보를 획득할 수 있는 게임 참여자가 유리할 것이다. 학습

---

16 Nora와 Minc는 이렇게 적고 있다. "다가올 수십 년 사이에 진보하는 인간성에 대한 가장 주요한 도전은 더 이상 물질의 지배가 아닐 것이다. 물질의 지배는 이미 확인된 것이다. 오히려 도전은 정보와 조직을 함께 진전시키기 위하여 그것들을 연결시키는 체계를 구성하려는 데서 발생한다."(*L'informatisation de la société*(1장의 주 9), p. 16)

과정에 있는 학생의 경우도 마찬가지임은 명백하다. 그러나 완벽한 정보 게임의 경우[17] 최고의 수행성은 이런 식으로 추가 정보를 얻는 데 있지 않다. 그것은 오히려 데이터를 새로운 방식으로 배열하는 데 있다. 적절히 표현하면 이것은 '수'를 구성하는 것이다. 이와 같은 새로운 배열은 통상 이전에는 따로 떨어져 있던 일련의 데이터를 함께 결합함으로써 가능해진다.[18] 따로 분리되어 있던 것을 접합하는 이 능력을 상상력이라 부를 수 있다. 속도는 상상력의 속성 가운데 하나이다.[19]

원칙적으로 모든 전문가가 데이터를 이용할 수 있다는 의미에서 완벽한 정보 게임에 의해 지배되는 포스트모던 지식의 세계를 생각해 볼 수 있다. 거기엔 과학

---

17 Anatol Rapoport, *Fights, Games, and Debates*(Ann Arbor: University of Michigan Press, 1960).

18 이것이 Mulkay의 분기 모델(Branching Model)이다. Gilles Deleuze 는 *Logique du sens*(Paris: Éditions de Minuit, 1969)와 *Différence et répétition*(Paris: Presses Universitaires de France, 1968)에서 사건들을 연속물의 상호 교차로 분석했다.

19 시간은 역학에서 동력의 요인을 결정하는 변수로 작용한다. Paul Virilio, *Vitesse et politique*(Paris: Galilée, 1976)(Eng. trans., *Speed and Politics*(New York: Semiotexte, 1986)).

적 비밀이 없다. 능력(지식 습득 능력이 아니라 지식 생산 능력)이 똑같다면 여분의 수행성은 결국 '상상력'에 달려 있게 된다. 상상력은 게임 참여자가 새로운 수를 두게 할 수도 있고 게임 규칙을 바꾸게 할 수도 있다.

기술 재생산을 위해서뿐 아니라 기술 발전을 위해서도 교육을 제공해야 한다면, 지식 전수가 정보의 전수에 제한되어서는 안 된다. 오히려 전통적 지식 체계에 의해 각각 과민하게 보호된 여러 개별 연구 분야를 연결시킬 수 있는 능력을 키워 줄 수 있는 모든 절차에 대한 훈련도 포함해야 한다. 1968년 위기 이후에 특히 잘 알려졌지만 실은 훨씬 이전에 주장되었던 '학제 간 연구'라는 슬로건은 이 같은 방향으로 나아가고 있는 것 같다. 사람들은 학제 간 연구가 대학의 봉건성에 대항했다고 말한다. 사실은 그 이상의 것에 대항했다.

훔볼트의 대학 모델에서 개별 과학은 사유라는 왕관을 쓰고 있는 하나의 체계 속에 제 위치를 차지한다. 하나의 과학이 다른 과학 영역을 잠식하게 되면 체계에 혼란과 '소음'만 생길 뿐이다. 공동 작업은 사유의 수준에서만, 즉 철학자들의 머릿속에서만 발생한다.

반대로 학제 간 연구 방법이라는 생각은 탈정당화 시대와 그 성급한 경험주의에 고유한 것이다. 학제 간 연구와 지식 간의 관계는 정신의 생명 실현이나 인류 해방의 측면에서 표현되는 것이 아니라, 복잡한 개념적 물질적 기계를 사용하는 사람들과 그 기계의 수행 능력에서 이득을 보는 사람들의 관점에서 표현된다. 그들은 그 기계의 궁극 목적이나 올바른 용도를 정립할 수 있는 메타 언어나 메타 서사를 가지고 있지 못하다. 하지만 수행성 증가를 위해 머리를 맞댈 수는 있다.

팀 작업에 대한 강조는 지식의 수행성 기준이 우세해진 것과 관련이 있다. 진리를 말하거나 정의를 규정할 경우 숫자는 아무 의미가 없다. 정의와 진리를 성공 가능성의 관점에서 생각할 때만 숫자의 중요성이 있다. 대체로 팀 작업은 이미 오래전에 사회과학자들이 상술한 특정 조건 아래에서 실행될 경우 수행성을 증가시키는 것이 사실이다.[20] 그중에서도 팀 작업은 정해진 모델 속

---

20 Jacob L. Moreno, *Who Shall Survive?* rev. ed.(Beacon, New York: Beacon House, 1953).

에서 수행성을 증대하는 데에, 특히 과제 실행에 성공적이라고 생각되어 왔다. 구상의 단계에서 새로운 모델을 '상상'하는 것이 필요할 경우에는 팀 작업의 장점이 별로 뚜렷하지 않은 것 같다. 이런 경우도 성공적인 예가 명백히 있긴 하지만,[21] 이 경우엔 팀 작업의 결과가 어떤 것이고 팀 구성원들의 개인적 재능에서 생긴 결과가 어떤 것인지 구분하기가 쉽지 않다.

이런 방향이 지식의 전수보다 지식 생산(연구)과 더 크게 관련된다는 점을 관찰할 수 있을 것이다. 지식의 전수와 생산을 완전히 구분하는 것은 추상적인 데로 빠지는 것이다. 이런 구분은 기능주의와 전문 직업주의의 틀 내에서도 필경 생산적이지 못할 것이다. 그럼에도 불구하고 실제로 전 세계의 지식 기관들이 지향하고 있는 해결책은 교수법의 이 두 측면을 '단순' 재생산과 '확대' 재생산으로 분리시키는 데 있다. 이 분리는 모든 종류

---

21 잘 알려진 것으로 프린스턴에 있는 대중매체 연구소, 팔로 알토에 있는 정신연구소, 보스턴에 있는 메사추세츠 공과대학, 프랑크푸르트에 있는 사회연구소 등이 있다. 이데아폴리스(Ideapolis)라는 개념을 주장하는 Clark Kerr의 논의는 공동 연구가 창조성을 증가시킬 수 있다는 원칙에 기초하고 있다.(*Uses of the University*, pp. 91ff.)

의 실체들, 예컨대 여러 기관들, 기관 내부의 단계나 프로그램들, 기관들의 결합체, 학문 분과들의 결합체 등에 대해 하나하나 꼬리표를 붙임으로써 가능하다. 전문 기능의 선택과 재생산용이라거나 '풍부한 상상력을 가진' 정신의 육성과 '자극'용이라거나 하는 식으로 말이다. 이중에서 첫 번째 범주에 주어진 전달 통로는 단순화시켜 대규모로 활용될 수 있다. 두 번째 범주는 귀족적 평등주의의 조건에서 소규모로 작용하는 특권을 가지고 있다.[22] 두 번째 범주가 공식적으로 대학의 일부인가 아닌가 하는 문제는 별로 중요하지 않다.

그렇지만 한 가지 확실해 보이는 것은 두 가지 경

---

22 Solla Price, *Little Science, Big Science*.(10장의 주 11) 프라이스의 책은 과학 중의 과학을 정립하려는 시도이다. 그는 과학의 통계 법칙을 사회적 대상으로 정립하려 한다. 나는 이미 10장의 주 11에서 결코 민주적일 수 없는 분리 법칙에 대해 이야기했다. 또 다른 법칙, 즉 '눈에 보이지 않는 대학(collèges invisibles)'의 법칙은 과학 연구에 종사하는 제도들 내에서 증가하는 출판물과 정보 통로의 포화 상태가 만들어 낸 효과들을 묘사하고 있다. 지식의 '귀족주의자'들은 기껏해야 100명 정도의 선택된 구성원들 사이에서 상호 접촉이라는 안정된 체계를 수립함으로써 이러한 경향에 반발하려 한다. Diana Crane은 *Invisible Colleges*(Chicago and London: University of Chicago Press, 1972)에서 이러한 대학들에 대한 사회측정학적인(sociometric) 분석을 시도하고 있다. Lécuyer, "Bilan et perspectives".

우 모두에서 나타나는 탈정당화 과정과 수행성 기준의 지배가 대학 교수의 시대에 조종을 울리고 있다는 사실이다. 한 명의 교수는 확립된 지식을 전수함에 있어 메모리 뱅크 네트워크보다 뛰어나지 못하며, 새로운 수나 새로운 게임을 상상하는 데 있어서도 학제 간 팀들보다 뛰어나지 못하다.

13 불안정성 추구로서의 포스트모던 과학

앞에서도 지적했듯이 과학 연구의 화용법, 그 가운데서도 특히 새로운 논증 방법을 연구할 때는 언어 게임의 새로운 '수' 또는 심지어 새로운 규칙의 발명을 강조하게 마련이다. 이제 문제의 이런 측면을 보다 자세히 검토해 보아야 한다. 그것은 과학 지식의 현재 상태에 결정적인 중요성을 갖기 때문이다. 우리는 다소 익살스럽게 과학 지식이 '위기 해결', 즉 결정론의 위기 해결을 추구한다고 말할 수 있겠다. 결정론은 수행성을 통한 정당화가 기초해 있는 가정이다. 수행성은 투입/산출의 비율에 의해 정의되므로 투입이 이루어지는 체계가 안정되어 있다는 것을 전제한다. 그리고 그 체계가 도함수를 포함하는 연속 함수로 표현될 수 있는 규칙적 '행로'

를 따름으로써 산출의 정확한 예측이 가능하도록 해야
한다는 전제도 깔려 있다.

　이것이 효율성의 실증주의 '철학'이다. 나는 정당
화에 관한 마지막 논의를 쉽게 하기 위해 이런 효율성
철학과 반대되는 증거로 뚜렷한 몇 가지 예를 제시해
보겠다. 간단히 말해서 이렇게 하는 목적은 몇몇 실례를
기반으로 해서 포스트모던 과학 지식 그 자체의 화용법
이 수행성 추구와는 별 관계가 없다는 것을 입증해 보
이려는 것이다.

　과학은 실증주의적 효율성을 통해 전개되는 것이
아니다. 오히려 그 반대이다. 증거를 가지고 작업한다는
것은 반증, 다시 말해 이해되지 않는 것을 추구하고 '창
안'해 낸다는 것을 의미한다. 어떤 명제를 지지한다는
것은 '역설'을 찾아내고 추론 게임에서 새로운 규칙으
로 그것을 정당화한다는 것을 의미한다. 어느 경우에도
효율성 그 자체가 추구되지는 않는다. 효율성은 기금 기
부자가 마지막으로 해당 문제에 관심을 갖기로 결심했
을 때 남게 되는 여분으로, 그것도 때로 뒤늦게 나타난
다.[1] 그러나 모든 새로운 이론과 가설, 그리고 새로운 진

술과 관찰에 언제나 반드시, 그것도 반복적으로 나타나는 것이 정당성의 문제이다. 왜냐하면 이런 과학에 문제를 제기하는 것은 철학이 아니라, 과학 스스로에게 그 질문을 제기하는 것은 다름 아닌 과학 자체이기 때문이다.

시대에 뒤떨어진 것은 무엇이 진리이고 무엇이 정의인지 묻는 것이 아니라 과학을 실증주의적으로 이해하면서 독일 관념철학자들처럼 과학을 정당화되지 않은 지식 혹은 불완전한 지식으로 격하하는 태도이다. "당신의 주장과 증거는 어떤 가치가 있는가?"라는 질문은 과학 지식의 화용법을 구성하는 중요한 부분이기 때문에 제기된 주장과 증거의 수신자를 새로운 주장과 증거의 발신자로 바꾸어 주고, 그렇게 함으로써 과학 담론의 쇄신과 과학자 세대의 대체를 보장해 주는 것이다. 과학이 발전한다는 사실을 부인할 사람은 아무도 없을 텐데, 과학은 바로 이런 질문을 발전시킴으로써 발전한

---

1 *Fractals: Form, Chance and Dimension*(San Francisco: W. H. Freeman, 1977)에서 Benoit Mandelbrot는 수학과 물리학 연구자들의 "전기적이고 역사적인 소묘"라는 부록을 달고 있는데, 수학자와 물리학자들은 그들 연구의 풍요성에도 불구하고 자신들의 관심사가 남다른 관계로 거의 깨닫지 못했거나 매우 늦게 깨달은 사람들이다.

다. 또한 이 질문은 발전함에 따라 다음과 같은 질문으로 연결된다. 즉 "'그것은 어떤 가치가 있는가'라는 당신의 질문은 무슨 가치가 있는가?"라는 정당화의 질문 혹은 메타 질문으로 연결되는 것이다.[2]

　　나는 포스트모던 과학 지식의 현저한 특징은 과학 지식을 타당한 것으로 만들어 주는 규칙의 담론이 과학 지식 속에 명시적으로 내재해 있다는 사실을 지적했다.[3] 19세기 말에 정당성의 상실과 철학적 '실용주의' 또는 논리실증주의로의 타락이라고 간주되었던 것은 단지 하나의 에피소드에 불과하다. 지식은 법칙으로 간주되는 진술들의 타당화 담론을 과학 담론 속에 포함시킴으로써 이런 상실과 타락에서 벗어날 수 있었다. 앞서 살펴보았듯이 이처럼 타당화 담론을 과학 담론 속에 포

2　결정론에 관한 가장 유명한 논란은 양자역학에 의해 야기되었다. Born과 Einstein의 편지 교환(1916~1955)에 대한 J. M. Lévy-Leblond의 논문 "Le grand débat de la mécanique quantique", *La Recherche* 20(1972), pp. 137~144 참조. 19세기 인문과학의 역사는 인류학적 담론으로부터 메타 언어적 수준으로의 전환과 같은 인식의 전환으로 가득 차 있다.

3　Ihab Hassan은 "Culture, Indeterminacy, and Immanence"에서 그가 내재성(immanence)이라 부른 것을 '형상화'하고 있다.

함시킨 것은 단순한 작동의 문제에 그치는 것이 아니라, 대단히 심각한 것으로 간주되는 '역설'을 낳으며 지식의 범위에 '제한'을 초래하여 사실상 지식의 성격 변화를 야기한다.

괴델의 공리를 탄생시킨 메타 수학적 연구는 이런 지식의 성격 변화가 어떻게 발생하는가를 보여 주는 진정한 패러다임이다.[4] 역학에서 일어난 변화도 이에 못지않게 새로운 과학 정신을 예증한다. 역학의 변화는 우리의 특별한 관심을 끈다. 그 이유는 그것이 앞에서 보았던 수행성 논의, 그중에서도 특히 사회 이론 영역에서 중요성을 갖는 한 가지 개념, 즉 체계라는 개념을 다시 생각하지 않을 수 없도록 만들기 때문이다.

수행성 개념은 고도로 안정된 체계를 전제한다. 왜냐하면 수행성은 열과 일, 더운 것과 찬 것, 투입과 산출 등의 관계의 원리에 기반해 있기 때문인데, 그 관계의 원리란 이론적으로는 언제나 측정 가능하다. 이런 생각은 열역학에서 나온다. 그것은 체계의 변수를 우리가 모

---

4 11장의 주 6 참조.

두 다 알면 체계의 수행성 전개를 예측할 수 있다는 생각과 관련되어 있다. 이런 조건의 이상적 충족은 라플라스의 '악마(démon)'라는 가설에 명확히 표현되어 있다.[5] 악마는 t라는 어떤 순간에 우주의 상태를 결정하는 모든 변수들을 알고 있고 따라서 $t'>t$ 순간의 우주 상태를 예측할 수 있다. 이 가설은 하나의 원칙에 의해 유지된다. 그 원칙은 우주라 불리는 체계들의 체계를 포함해서 모든 물리 체계가 규칙적인 패턴을 따른다는 원칙이다. 그 결과 체계의 전개도 규칙적인 행로를 따르게 되고 '정상적인' 연속 함수를 탄생시킨다.(이로써 미래학도 가능해진다.)

양자역학과 원자물리학의 도입은 이 원칙의 적용 범위를 두 가지 측면에서 제한시켰다. 이 두 측면이 각각 의미하는 바는 범위가 다르다. 첫째로 어떤 한 체계(또는 모든 독립 변수들)의 최초 상태에 대한 완벽한 정의는 정의되는 그 체계가 소모하는 양과 최소한 똑같은

---

5 Pierre Simon Laplace, *Exposition du système du monde*, I & II(1796) (Eng. trans., Henry Harte, *The System of the World*, 2 vols.(Dublin: Dublin University Press, 1830)).

양의 에너지 지출을 필요로 한다. 어떤 체계의 특정 상
태를 완벽하게 측정하는 것이 일반인으로서는 사실상
불가능하다는 생각이 보르헤스(J. L. Borges)의 설명에 나
타나 있다. 어떤 황제가 제국을 완벽하게 정확히 그린
지도를 원하는데, 바로 이 황제의 계획이 제국을 파멸로
이끈다. 전 국민이 모든 에너지를 지도 제작에 바치기
때문이다.[6]

　　브리유앵(L. Brillouin)의 주장[7]은 체계에 대한 완벽
한 통제라는 생각(혹은 이데올로기)이 모순 법칙과 양립
할 수 없다는 결론에 도달한다. 체계의 완벽한 통제는
수행성을 증대시킬 것이라고 간주된다. 그러나 실상은
증대시킨다는 주장과 달리 수행성의 정도가 낮아진다.
이 같은 모순은 국가와 사회 경제의 관료제적 운용에서
나타나는 약점을 설명해 준다. 관료제는 자신들이 통제

6　"Del rigor en la ciencia", *Historia Universal de la Infamia*, 2d. ed.(Buenos
Aires: Emecé, 1954), pp. 131~132(Eng. trans., N. T. di Giovanni, *A Universal
History of Infamy*(New York: Dutton, 1972)).

7　정보는 그 자체로 에너지를 필요로 하고 그것이 만들어 내는 역엔트로피
는 엔트로피를 생성한다. Michel Serres가 이 논의에 자주 등장한다. 예를 들어
Hermès III: La Traduction(Paris: Éditions de Minuit, 1974), p. 92 참조.

하는 전체 체계나 하위 체계를 숨 막히게 하고 그런 과정에서 관료제 스스로를 질식(부정적 피드백)시켜 버린다. 이 같은 설명이 흥미로운 점은 체계 바깥에서 정당화 형식을 불러들일 필요(이를테면 과도한 권위에 맞서 봉기할 것을 부추기는 인간 주체의 자유라는 개념)가 전혀 없다는 사실이다. 설혹 사회가 하나의 체계라는 생각을 우리가 인정한다 하더라도 사회를 완벽히 통제하는 것은 불가능하다. 완벽한 통제는 최초의 상태에 대한 정확한 정의를 반드시 필요로 하는데 그 같은 정의는 실현될 수 없기 때문이다.

그러나 이 같은 제한은 지식의 정확한 실행 가능성과 거기에서 발생하는 권력만을 문제 삼을 뿐이다. 그것은 이론적으로는 여전히 가능하다. 고전적 결정론은 체계에 대한 총체적 지식이라는 도달할 수 없는, 그러나 생각할 수는 있는 한계의 틀 속에서 지금도 여전히 작동하고 있다.[8]

---

8 나는 "La dynamique, de Leibniz à Lucrèce", *Critique* 380, Serres 특집호 (1979), p. 49에 나타난 Ilya Prigogine와 I. Stengers의 논지를 따르기로 한다.

양자 이론과 미시물리학은 연속적이며 예측 가능한 경로라는 생각을 훨씬 더 근본적으로 수정할 것을 요구한다. 정확성의 추구는 그것으로 인해 치러야 할 대가 때문에 제한받는 것이 아니라 다름 아닌 물질의 성질 자체에 의해 제한받는다. 정확도가 높아진다고 해서 불확실성(통제의 결여)이 감소하는 것은 아니다. 불확실성은 정확성과 함께 커진다. 장 페랭(Jean Perrin)은 하나의 구에 들어 있는 공기 양의 실제 밀도(질량/부피의 비율)에 대한 측정을 그 예로 들고 있다. 구의 부피가 $1000m^3$에서 $1cm^3$로 감소할 때 밀도는 현저하게 변한다. 부피가 $1cm^3$에서 $1/1000mm^3$로 줄어들면 $1/10$억의 차수로 불규칙적인 변화가 관찰되기는 하지만 그 변화량은 아주 적다. 구의 부피가 감소하면 변화의 크기는 증가한다. $1\mu^3$의 $1/10$부피에 대한 변화는 $1/1000$의 차수이다. 또 부피 $1\mu^3$의 $1/100$에 대한 변화량은 $1/5$의 차수이다.

여기에서 부피를 더욱 줄여 나가면 분자의 규모에 이르게 된다. 만약 소구체가 두 개의 공기 분자 사이의 진공 속에 놓이게 되면 이 진공 속의 실제 밀도는 0이

13 불안정성 추구로서의 포스트모던 과학

다. 그러나 대략 천 번에 한 번 꼴로 소구체의 중심이 분자 속으로 '떨어지는데', 이 경우 평균 밀도는 기체의 실제 밀도라 부르는 상태와 비슷해진다. 원자 내부 차원으로까지 축소될 경우 소구체는 진공 속에 놓일 확률이 크며 이 경우도 역시 밀도는 0이다. 그러나 100만 번에 한 번 꼴로 소구체의 중심이 미립자나 원자핵 속으로 떨어지는데, 이때 밀도는 물의 밀도보다 수백만 배나 커질 것이다. "만약 소구체가 더욱더 축소된다면…… 극히 예외적인 위치일 경우(이 경우 소구체는 앞서 얻었던 값보다 훨씬 높은 값에 이른다.)를 제외하고는 평균 밀도와 실제 밀도는 0이 되어 그 상태에 머물 것이다."[9]

그러므로 공기의 밀도에 관한 지식은 절대적으로 양립 불가능한 수많은 진술들로 해소되어 버린다. 이 진술들이 양립 가능하자면 화자가 선택하는 척도와 관련하여 진술들이 상대화될 때뿐이다. 게다가 어떤 수준에 이르면 밀도에 관한 진술은 단순한 주장이 될 수 없

9　Jean Baptiste Perrin, *Less atomes*(1913; Paris: Presses Universitaires de France, 1970), pp. 14~22. Mendelbrot는 이 책을 *Fractals*의 서론으로 사용했다.

고 그런 유형으로 양식화된 주장(assertion modalisée)이될 뿐이다. 밀도가 0과 동일하게 될 수 있지만, n이 아주큰 숫자인 10^n의 차수가 될 경우를 배제할 수도 없다.

여기에서 과학자의 진술과 '자연'이 '말하는 것' 사이의 관계는 완벽한 정보가 없는 게임으로 조직된 것처럼 보인다. 과학자의 진술의 양식화는 자연이 만들어 낼단일한 효과적 진술(표상)이 실은 예측 불가능하다는 사실을 보여 준다. 측정할 수 있는 것이라곤 과학자의 진술이 저것이 아니고 이것이라고 말할 확률뿐이다. 미시물리학의 차원에서는 '더 좋은' 정보, 다시 말해 수행능력이 더 높은 정보는 얻을 수 없다. 문제는 게임 상대('자연')에 대해 배우는 것이 아니라 그것이 구사하는 게임을 규명하는 일이다. 아인슈타인은 "신은 주사위를던진다."라는 생각에 반대했다.[10] 그러나 신의 주사위는정확히 말해 (절대적 결정자라는 오래된 이미지에 적용되는 정도만큼은) 이런 종류의 '충분한' 통계학적 규칙성이 성립

10 Werner Heisenberg, *Physics and Beyond*(New York: Harper & Row, 1971)에서 인용.

13 불안정성 추구로서의 포스트모던 과학

될 수 있는 게임이다. 신이 만약 브리지 게임을 한다면 과학의 '일차적 우연'은 더 이상 주사위 윗면들의 무차별성에 기인하는 것이 아니라 교묘한 솜씨, 즉 많은 가능한 순수 책략들 사이에서의 선택(이 선택 자체도 우연에 맡겨진다.) 탓으로 돌려질 것이다.[11]

자연이 무차별적 상대이긴 하나 기만적 상대는 아니라는 사실이 널리 받아들여지고 있다. 자연과학과 인문과학의 구분도 여기에 기초해 있다.[12] 화용적 관점에서 보았을 때 이것이 의미하는 바는 다음과 같다. 자연

---

11 1921년 12월 과학원(Académie des sciences)에 제출된 논문에서 Borel은 "게임을 하는 가장 올바른 방법이란 존재하지 않는다."(게임에서 완전한 정보란 존재하지 않는다.)라고 이야기한다. "우리는 게임을 승리로 이끌 수 있는 유일한 코드가 부재하는 상태에서 오히려 자신의 게임에 다양성을 부여함으로써 게임을 유리하게 이끌어 나갈 수 있는지를 생각해 볼 수 있을 것이다." 게임이 갖는 이러한 특성을 기초로 하여 von Neumann은 어떤 상황 아래에서는 결정이 개연성만을 가질 수 있다는 사실을 인식하는 것이 게임을 하는 가장 올바른 방법이라는 것을 보여 준다. Georges Guilbaud, *Eléments de la théorie mathématique des jeux*(Paris: Dunod, 1968), pp. 17~21; J. P. Séris, *La Théorie des jeux*(Paris: Presses Universitaires de France, 1974). '포스트모던' 예술가들은 이 개념을 자주 사용한다. 예를 들어 John Cage, *Silence*와 *A Year From Monday*(Middletown, Conn.: Wesleyan University Press, 각각 1961, 1967).

12 I. Epstein, "Jogos"(원고본, Fundaçaô Armando Alvares Penteado, September 1978).

과학에서 '자연'이란 (말은 없지만 무수히 많이 던져진 주사위처럼 예측 가능한) 지시 대상으로서, 과학자들은 그 지시 대상에 관해 서로 지시적 발화(상대방과 겨루는 수)를 교환한다. 인문과학에서는 이와 반대로 지시 대상(인간)이 게임의 참여자로 말을 하며 과학자의 전략에 맞서 나름대로의 전략(아마도 복합적 전략)을 개발한다. 인문과학에서 과학자가 대면하는 우연은 대상이나 무관심에 의한 것이 아니라 행동이나 전략에 의한 것,[13] 다시 말해 경기적인 것이다.

이런 문제들은 미시물리학적인 문제이므로 특정 체계의 전개에 대해 확률적 예측 근거를 제공할 수 있을 정도의 정확성을 가진 연속 함수의 성립은 막지 않을 것이라고 반박할 수도 있겠다. 수행성에 의한 정당화 이론가들이기도 한 체계 이론가들이 자신들의 권리를 되찾고자 할 때 쓰는 논법이 바로 이것이다. 하지만 현

---

13 "여기 개연성이 다시 등장한다. 하지만 그것은 더 이상 대상의 구조를 만들어 내는 구성 원칙이 아니라 행동의 구조를 규제하는 원칙일 뿐이다." (Gilles-Gaston Granger, *Pensée formelle et sciences de l'homme*(Paris: Aubier-Montaigne, 1960), p. 142) 신들이 브리지 게임을 한다는 생각은 말하자면 플라톤 이전의 그리스 가설에 더욱 가깝다.

대 수학에는 정확한 측정 가능성 자체를 의문시하면서 인간적 측정 기준에서라도 대상의 행동을 예측하는 것이 가능한가 하는 데 대해 의문을 제기하는 흐름이 있다.

망델브로(Benoit Mandelbrot)는 하나의 근거로 앞서 언급했던 페랭의 저서를 인용한다. 그러나 그는 예기치 않은 방향으로 분석을 확장한다. 그는 이렇게 기록한다. "도함수는 연구하기 가장 쉽고 간단한 함수임에도 예외적인 것이다. 기하학 용어를 쓰자면 접선이 없는 곡선이 대부분이고 원과 같은 등거리 곡선은 흥미 있긴 하지만 아주 특수한 경우이다."[14]

이 관찰은 한가한 호기심의 대상이 아니라 대부분의 실험 데이터에서 타당한 것으로 입증된 것이다. 인간의 눈으로 보았을 때 비누와 소금이 섞인 물거품의 외형은 어느 점에서도 표면에 접선을 그을 수 없는 불규칙성을 보여 준다. 여기에서 적용할 수 있는 것이 유명한 브라운 운동이다. 브라운 운동의 유명한 특징은 하나의 주어진 점에서 입자 운동의 벡터는 균등하다는, 다시

---

14 Mandelbrot, *Fractals*, p. 5.

말해 모든 방향에 대한 벡터가 확률적으로 같다는 성질이다.

우리는 좀 더 낯익은 차원에서도 똑같은 문제에 직면하게 된다. 예를 들어 우리가 브르타뉴 해안선, 분화구로 뒤덮인 달의 표면, 별을 구성하는 물질의 분포, 전화 통화 중의 혼선 발생 빈도, 일반적인 대기의 난기류나 구름의 모양 등을 정확하게 측정하고자 할 때도 마찬가지이다. 간단히 말해 인간의 손에 의해 그 윤곽이나 비율의 규칙성이 부과되지 않은 대상들이 아주 많다.

망델브로는 도함수가 존재하지 않는 연속 함수를 닮은 곡선을 이런 데이터들이 설명해 준다는 사실을 우리에게 보여 준다. 이 모델을 단순화시킨 것이 코흐(Koch) 곡선이다.[15] 그것은 자기상사(self-similarity)이다. 자기상사성이 구성되는 차원은 정수가 아니라 log4/log3임을 밝힐 수 있다. 그 곡선은 '차원의 수'가 1과 2 사이의 공간 속에 있고 따라서 선과 평면 사이 어디쯤

---

15 연속적이며 결코 수정할 수 없고 자기상사적(self-similar)인 곡선은 망델브로에 의해 설명되고(pp. 38ff), 1904년 코흐에 의해 정립되었다. *Fractals*의 참고 문헌 참조.

에 있다고 직관적으로 말할 수 있다. 자기상사성에 합당한 차원은 분수이므로 망델브로는 이와 같은 대상을 프랙탈(fractal)이라 부른다.

르네 통(René Thom)의 작업도 비슷한 방향을 취한다.[16] 통은 안정된 체계라는 개념에 대해 직접적인 의문을 제기하는데, 이 안정된 체계라는 관념은 라플라스 결정론의 전제이며 심지어 확률 이론의 전제이기도 하다.

통은 불연속성을 공식적으로 기술할 수 있는 수학적 언어를 개발한다. 불연속성은 결정된 현상들 속에서 발생해서 그런 현상이 예견치 못한 형태를 띠게 한다. 이런 통의 수학적 언어는 파국 이론이라 알려진 것을 구성한다.

공격성을 개의 상태 변수로 보자. 공격성은 통제 변수인 개의 분노에 정비례해서 증가한다.[17] 개의 분노를 측정할 수 있다고 가정할 경우 분노가 어떤 임계점에

---

16 *Modèles mathématiques de la morphogenèse.* 비전문가도 쉽게 접근할 수 있는 파국 이론에 대한 설명은 K. Pomian, "Catastrophes et déterminisme", *Libre* 4(1978), pp. 115~136 참조.
17 Pomian은 이러한 예를 E. C. Zeeman, "The Geometry of Catastrophe", *The Times Literary Supplement*, 10 December, 1971에서 빌려 온다.

도달하면 공격의 형태로 표출된다. 두 번째 통제 변수인 공포는 정반대의 효과를 갖는다. 공포가 임계점에 도달하면 도망으로 표출된다. 공포나 분노가 없을 경우 개의 행동은 안정적(가우스 곡선의 정점)이다. 그러나 두 가지 통제 변수가 함께 증가할 경우 두 임계점에 동시에 이르게 될 것이다. 그러면 개의 행동은 예측할 수가 없게 되어 갑자기 공격을 하다가 도망치거나 그 반대로 바뀔 수 있다. 이럴 때 체계는 안정되지 못하다고 말할 수 있다. 통제 변수는 연속적이지만 상태 변수는 불연속적이다.

통은 이런 종류의 불안정성을 나타내 주는 방정식을 만들 수 있고, 하나의 행동에서 다른 행동으로의 급작스러운 변화를 포함한 개의 모든 행동을 나타내 주는 모든 점의 움직임을 그래프로 그릴 수 있다는 사실을 보여 준다. 이 그래프는 두 개의 통제 변수와 하나의 상태 변수를 갖기 때문에 3차원적이다. 이 방정식은 일군의 파국들을 특징으로 하는데, 그것은 통제 변수와 상태 변수의 숫자에 의해 정의된다. 이 경우는 2+1이다.

이것은 안정 체계와 불안정 체계, 결정론과 비결정론 사이의 논쟁에 관해 우리에게 해답을 내려 준다. 통은 그 대답을 다음과 같은 하나의 공리로 요약한다. 즉 "어떤 과정에서 결정된 특성은 다소간 그 과정의 부분의 상태에 의해 결정된다."[18] 결정론은 그 자체가 결정된 기능의 일종이다. 모든 경우에 자연은 최초의 부분적 환경과 양립할 수 있는 최소한의 복합적인 부분적 형태들을 만들어 낸다.[19] 그러나 최초의 환경이 안정된 형태의 발생을 막을 수도 있다. 실은 이것이 가장 빈번히 발생하는 경우이다. 이런 현상이 일어나는 것은 환경들이 대체로 갈등 관계에 있기 때문이다. "파국 모델은 모든 인과적 과정을 직관적으로 정당화하기 쉬운 하나의 상태, 즉 (헤라클레이토스에 따르면 만물의 아버지인) 갈등으로 환원시킨다."[20] 통제 변수들이 양립 불가능할 가능성이 그 반대의 경우보다 더 많다. 존재하는 모든 것은 '결정론의 섬들'이다. 파국적 대립이 문자 그대로 규칙이다.

---

18 René Thom, *Stabilité structurelle et morphogenèse. Essai d'une théorie générale des modèles*(Reading, Mass.: W. A. Benjamin, 1972), p. 25(Eng. trans., D. M. Fowler, *Structural Stability and Morphogenesis*(Reading, Mass.: W. A. Benjamin, 1975)). Pomian의 "Catastrophes.", p. 134.에서 인용.

19 René Thom, *Modèles mathématiques*, p. 24.

20 위의 책, p. 25.

작용하고 있는 변수의 수에 의해 결정되는 일련의 경기 규칙들이 있다는 말이다.

통의 작업과 팔로 알토(Palo Alto) 학파의 연구 사이에 (미약하긴 하지만) 유사성을 발견하기란 어렵지 않다. 특히 역설 이론을 정신분열증에 적용한 것이 그러한데, 그것은 이중 규제 이론(Double Bind Theory)으로 알려져 있다.[21] 여기에서 나는 양자의 관련성을 언급하는 정도로 그치겠다. 이중 규제 이론은 특이성(singularités)과 '통약 불가능성'에 집중하는 연구가 어떻게 가장 일상적인 문제들에 관한 화용법에 적용되는지 이해하도록 도와준다.

우리가 이 연구(그리고 훨씬 많은 다른 연구들)로부터 끌어낼 수 있는 결론은 연속 미분 함수가 지식과 예측의 패러다임으로서 우월성을 상실하고 있다는 사실이다. 포스트모던 과학은 결정 불가능한 것, 정확한 통제의 한계, 불완전한 정보로 특징지어지는 갈등, '프랙타(fracta)', 파국, 화용적 역설과 같은 것들에 관심을 가짐

---

21 Watzlawick, et al., *Pragmatics of Human Communication*, 6장 참조.

으로써 스스로의 전개를 불연속적이며 파국적이고 교정 불가능하며 역설적인 것으로 이론화한다. 포스트모던 과학은 지식이라는 말의 의미를 바꾸는 한편 어떻게 그런 변화가 일어나는지를 나타낸다. 포스트모던 과학은 알려진 것이 아니라 알려지지 않은 것을 생산한다. 그것은 또 수행성 극대화와 아무 관련이 없으며, 우리가 배리라고 이해하는 차이에 기초한 정당화 모델을 제시한다.[22]

이와 동일한 방향으로 작업을 진행시켜 온 어떤 게임 이론 전문가는 다음과 같이 말함으로써 이를 잘 설명해 주고 있다. "그렇다면 게임 이론의 유용성은 어디에 있는가? 우리가 생각하기로 게임 이론은 다른 어떤 정교한 이론이 유용한 것과 동일한 의미로, 즉 아이디어의 생산자로서 유용하다."[23] 메다워(P. B. Medawar)도 나

---

22 "과학적 지식을 만들어 내는 조건들은 과학적 지식과는 구별되어야 한다. …… 과학적 활동을 구성하는 두 가지 단계가 있다. 이미 알려져 있는 것을 알 수 없는 것으로 만드는 단계가 있고, 이 알 수 없는 것들을 독립적이고도 상징적인 메타 체계로 재조직하는 단계가 있다. …… 과학의 특수성은 바로 이 예측 불가능성이다."(P. Breton, *Pandore 3*(1979), p. 10에서 재인용)

23 Anatol Rapoport, *Two-Person Game Theory*(Ann Arbor: University of

름의 방식으로 이렇게 말했다. "과학자에겐 아이디어를 갖는다는 것이 최고의 성취이다."[24] 그는 또 '과학적 방법'이란 없으며, 과학자란 그 무엇보다 '이야기를 하는' 사람이라고 말했다.[25] 유일한 차이는 과학자는 자신의 이야기를 검증해야 할 의무가 있다는 것이다.

Michigan Press, 1966), p. 202.

24   P. B. Medawar, *The Art of the Soluble*, 6th ed.(London: Methuen, 1967), p. 116. 특히 "Two Conceptions of Science"와 "Hypothesis and Imagination" 참조.

25   이것은 Paul Feyerabend가 *Against Method*에서 갈릴레오의 예를 들어 설명하고 있는 것이다. 파이어아벤트는 Popper나 Lakstos에 반대하여 인식론적 '무정부주의' 또는 '다다이즘'을 옹호한다.

13 불안정성 추구로서의 포스트모던 과학

14 배리에 의한 정당화

이 지점에서, 오늘날 지식의 정당화 문제에 대해 우리가 지금까지 이야기했던 사실들이 우리의 목적에 충분하다고 말해야겠다. 우리는 이제 더 이상 거대 서사에 의존하지 않는다. 우리는 이제 포스트모던 과학 담론을 정당화해 주는 것으로서 정신의 변증법에 의존할 수도 없고 인류의 해방에 의존할 수도 없다. 그러나 방금 살펴본 것처럼 작은 서사(petit récit)는 여전히 상상적 발명의 본질적 형태로 남아 있다. 특히 과학 분야에서는 더욱 그렇다.[1] 덧붙이자면, 합의의 원칙은 정당화 기준으

---

1 정당화에 대한 담론들 가운데서 서사의 귀환에 의해 만들어지는 형태에 대한 자세한 분석은 이 책의 한계를 넘어서는 것이다. 체계가 갖는 개방성에 대한 연구, 국부적인 결정론, 방법에 반하는 것 등 서사의 귀환에 의해 만들어지는 것

로 타당해 보이지 않는다. 그것은 두 가지 공식을 갖고 있다. 첫째, 합의는 인식 능력과 자유 의지를 갖는 존재로 정의되는 인간들 사이의 대화를 통해 획득된다. 이것이 하버마스가 천착했던 합의 형식인데, 그의 개념은 해방 서사의 타당성에 기초해 있다. 둘째, 합의는 체계의 한 요소이다. 체계는 수행성을 유지하고 증대하기 위해 합의를 조장한다.[2] 이것이 루만이 말하는 행정 절차의 목표이다. 이 경우 합의가 갖는 유일한 정당성은 실질적 목표, 즉 체계를 정당화해 주는 권력을 성취하기 위해 이용되는 수단으로서일 뿐이다.

그러므로 문제는 전적으로 배리(paralogie)에 기초한 정당화 형식의 가능성 여부를 결정하는 일이다. 혁신

들을 나는 일반적으로 배리라고 총칭한다.

2 예를 들어 Nora와 Minc는 컴퓨터 분야에서 일본이 성공한 이유를 일본 사회 특유의 '강력한 사회적 합의'에서 찾고 있다.(*L'informatisation de la Société*, p. 4) 그들은 이렇게 결론짓는다. "컴퓨터에 의해 광범위하게 자동화되는 사회를 구성하려는 힘은 결과적으로 유약한 사회를 만들고 만다. 그러한 사회는 사회적 합의를 촉진시키려는 목적을 가지고 조직되지만, 사회적 합의를 이미 전제하고 있으므로 사회적 합의가 실현되지 않으면 정체되고 만다."(p. 125) Y. Stourdzé, "Les États-Unis"는 최근에 경영이나 관리에 규제받지 않으려 하고, 뒤엎고, 약화시키려는 경향들은 사회가 국가의 수행 능력에 신뢰를 갖지 못하기 때문이라고 역설한다.

과 배리는 구별되어야 한다. 혁신은 체계의 통제 아래 놓여 있거나 적어도 체계의 효율성을 증대시키는 데 이용될 뿐이다. 배리는 지식의 화용론에서 작동하는 하나의 수이다. 어떤 수의 중요성은 흔히 한참 뒤에야 인식된다. 실제로 배리가 혁신으로 바뀌는 경우가 필연적인 것은 아니더라도 아주 흔히 일어난다는 사실이 우리의 가설에 어려움을 발생시키진 않는다.

과학적 화용법(7장)에 대한 묘사로 돌아가 보면, 강조되어야 할 것은 이제 이견(dissentiment)이다. 합의는 우리가 결코 도달할 수 없는 지평이다. 어떤 패러다임[3]의 보호 아래 행해지는 연구는 안정화되는 경향이 있다. 그것은 기술적, 경제적, 예술적 '아이디어'를 활용하는 것과 같다. 이는 과소평가되어선 안 될 사실이다. 그러나 놀라운 것은 언제나 누군가가 나타나 '이성'의 질서를 방해한다는 사실이다. 우리는 설명 능력을 뒤흔들어 놓는 힘의 존재를 설정할 필요가 있다. 그 힘은 새로운 이해 규범의 공표로, 다시 말해 과학 언어의 새로운 연구

---

3 Kuhn이 사용하는 의미의 패러다임.

분야를 규정하는 새로운 규칙을 수립하자는 제안으로 표명된다. 과학적 논의의 맥락에서 보면 이것은 톰이 형태발생론(morphogenèse)이라고 부르는 과정과 똑같다. 그것은 (파국에도 여러 가지 범주가 있듯이) 규칙이 없는 것은 아니지만, 결정은 언제나 국부적이다. 과학적 논의에 적용되어 시간의 틀 속에 놓이게 되면 이 같은 속성은 '발견'을 예측할 수 없다는 의미를 함축한다. 투명성이라는 관점에서 보면 이것은 맹점을 초래하고 합의를 연기시키는 요인이다.[4]

이상의 요약은 체계 이론과 체계 이론이 제시하는 정당화에 아무런 과학적 근거도 없다는 사실을 쉽게 보여 준다. 과학은 체계 이론의 패러다임에 따라 작동하지 않는다. 또 현대 과학은 사회를 기술하는 데 있어 그와 같은 패러다임을 이용할 수 있는 가능성을 배제한다.

이런 맥락에서 루만의 주장에 나타나는 중요한 두 가지 사항을 검토해 보기로 하자. 한편으로 체계는 복

---

4 Pomian은 이런 종류의 기능과 헤겔의 변증법 사이에는 아무런 관계가 없다는 것을 보여 준다.("Catastrophe")

잡성을 줄임으로써만 작동할 수 있고, 다른 한편으로는 개인들의 열망(expectation)을 체계의 목적에 맞게 조절하도록 유인해야 한다.[5] 복잡성의 축소는 체계의 권력 행사 능력을 유지하기 위해 필요하다. 만약 모든 메시지가 개인들 사이에서 자유롭게 유통될 수 있다면, 올바른 선택을 내리기 전에 고려해야 할 엄청난 양의 정보가 결정을 상당히 지연시킬 것이고 따라서 수행성을 저하시킬 것이다. 요컨대 속도는 체계의 권력 요소이다.

심각한 방해의 위험을 피하자면 분자와도 같은 의견들도 진정으로 고려해야 한다고 반론을 제기할 수 있을 것이다. 이에 대해 루만은 이렇게 대답한다. 그리고 이것은 우리가 고려할 두 번째 사항이기도 하다. 즉 개

---

5 "결정을 정당화하는 작업은 당연히 사회 체제 내에서 알력이 거의 없는, 근본적으로 효율적인 학습 과정을 수반한다. 이것은 더욱더 일반적인 질문으로 우리를 이끌어 간다. 열망이란 어떻게 변해 가는 것인가? 정치적 행정적 합의 체계는 그 자체로 사회의 한 부분을 이루면서 어떻게 스스로 행한 결정들을 통해서 사회의 기대치를 구조화하는가? 사회를 이루는 하나의 부분에 불과한 행동이 새로운 기대치들을 기존의 체계에 얼마나 잘 융합시키느냐에 따라 그 행동의 효율성이 결정된다. 기존의 체계가 사람들이든 사회 체계이든 상당한 정도로 기능적 장애를 불러일으키지 않고 그 체계와 융합하는 것이 중요하기 때문이다."(Niklas Luhmann, *Legitimation durch Verfahren*, p. 35)

인들의 열망을 체계의 결정과 양립시키려면 '모든 방해에서 자유로운' '유사도제(quasi-apprentissage)' 과정을 통해 개인의 열망을 인도할 수 있다. 결정이 개인들의 열망을 존중해 줄 필요는 없다. 개인들의 열망이 결정을 지향하거나 최소한 그 효과라도 지향해야 한다. 행정 절차는 원활한 수행을 위해 체계가 필요로 하는 것을 개인들이 '원하도록' 만들어야 한다.[6] 여기에서 텔레마티크 기술이 어떤 역할을 할지는 눈에 뻔하다.

상황의 통제와 지배가 없는 것보다는 있는 게 기본적으로 낫다는 생각이 설득력이 있음은 부인할 수 없다. 수행성 기준은 나름의 '장점'을 가지고 있다. 그것은 원칙적으로 형이상학 담론에 대한 집착을 배제한다. 그것은 우화를 거부할 것을 요구한다. 그것은 명징한 정신과 차가운 의지를 요구한다. 그것은 본질에 대한 정의를 상호 작용에 대한 계산으로 대체한다. 그것은 '게임 참여

---

6   이런 가설은 David Riesman의 초기 연구에서 발전되어 나온 것이다. Riesman, *The Lonely Crowd*(New Haven: Yale University Press, 1950); W. H. Whyte, *The Organization Man*(New York: Simon & Schuster, 1956); Herbert Marcuse, *One Dimensional Man*(Boston: Beacon, 1966) 참조.

14 배리에 의한 정당화

자'가 자신의 진술에 대해서만이 아니라 자신의 진술이
수용되도록 하기 위해 따라야 하는 진술의 규칙들에 대
해서도 책임을 지게 한다. 그것은 지식의 화용적 기능이
효율성의 기준에 연관되는 정도만큼 지식의 화용적 기
능을 명확히 드러내 준다. 즉 논증의 화용법, 증거 생산
의 화용법, 지식 전수의 화용법, 상상력 교육의 화용법
등을 보여 준다.

수행성 기준은 또 모든 언어 게임, 심지어 기존 정
규 지식의 범위에 속하지 않는 게임까지도 자기 지식으
로 끌어올리는 데 기여한다. 그것은 일상적 담론을 일종
의 메타 담론으로 끌어올리는 경향을 보여 준다. 일상적
진술은 이제 자기 인용의 경향을 드러내며, 다양한 화
용적 지위들도 그것들에 관한 현재의 메시지에까지 간
접적 연관을 맺는 경향이 있다.[7] 마지막으로 수행성 기
준은, 과학 공동체가 자신의 언어를 철회하고 다시 확립

---

7 Josette Rey-Debove(*Le métalangage*, pp. 228ff.)는 현대의 일상언어에서
간접 화법이 갖는 특징들이 증가하고 실명(autonymy)이 겉으로 드러나 있지
않다는 사실에 주목한다. 그녀가 우리에게 상기시키듯이 "간접 화법은 결코 믿
을 만한 것이 못 된다."

하는 과정에서 경험하는 내적 소통의 문제가 그 성격상 서사 문화를 박탈당한 사회 집단이 자신의 내적 소통을 재점검하는 과정에서 집단의 이름으로 행해진 결정의 정당성에 의문을 제기해야 할 때 겪게 되는 문제에 비유될 수 있음을 암시해 준다.

독자의 감정을 상하게 할 우려가 있지만 나는 또 가혹성이 체계의 한 가지 장점이라고 말하고 싶다. 권력 기준의 틀 속에서는 하나의 요구(즉 규정의 한 형태)가 욕구 불충족의 곤궁에 기초해서는 어떠한 정당성도 얻지 못한다. 권리는 곤궁에서 나오는 것이 아니라, 곤궁의 완화가 체계의 수행성을 증가시킨다는 사실에서 나온다. 특권이 가장 적은 사람들의 욕구가 원칙으로서의 체계 조절 장치로 이용되어서는 안 된다. 그들의 욕구 충족 수단은 이미 알려진 것이기 때문에 실제 욕구 충족은 체계의 수행성이 아니라 지출을 증가시킬 뿐이다. 여기에 대해 반대로 지적할 수 있는 유일한 것은 욕구를 충족시켜 주지 않으면 전체를 불안정하게 만든다는 사실뿐이다. 힘의 성질은 허약함에 지배되는 것이 아니다. 그것은 속성상 '생활'의 규범을 재정의하기 위해 새로

14 배리에 의한 정당화

운 요구들을 주입한다.[8] 이런 점에서 체계는 그 뒤에 인류를 끌고 다니면서, 다른 규범 능력의 차원에서 인류를 다시 인간화하기 위해 비인간화하는 하나의 전위 기계이다. 기술 관료들은 사회가 자신의 욕구라고 지적하는 것들을 믿을 수 없다고 선언한다. 그들은 욕구가 새로운 기술로부터 독립된 변수들이 아니기 때문에 사회가 자신의 욕구를 알 수 없다는 것을 '알고 있다'.[9] 이것이 정책 결정자들의 오만이고 맹점이다.

정책 결정자들의 '오만'이 의미하는 것은 그들이 사

---

8 Georges Canguilhem이 말한 것처럼 "인간은 많은 규범을 수행해 낼 수 있을 때, 즉 정상을 넘어설 수 있을 때만 진실로 건강하다고 할 수 있다."("Le normal et la pathologique"(1951), *La connaissance de la vie*(Paris: Hachette, 1952), p. 210)(Eng. trans., Carolyn Fawcett, *On the Normal and the Pathological*(Boston: D. Reidel, 1978)).

9 David는 사회는 기술 환경 속에서 자신이 느끼는 요구들을 단지 인식할 수 있을 뿐이라고 논평한다. 기술 환경을 개조하고 예측할 수 없는 욕구들을 만들어 내는 것은 바로 기초과학이다. 그것은 본질적으로 알려질 수 없는 자질들을 발견해 낸다. 그는 고체를 증폭기로 사용하는 것과 고체역학의 급속한 발전을 예로 든다. 현대 기술의 대상에 의해 사회적 상호 작용과 욕구가 "부정적으로 규제"되는 것을 R. Jaulin은 "Le mythe technologique", *Revue de l'entreprise* 26, "Ethnotechnology" 특집호(March 1979), pp. 49~55에서 비판하고 있다. 이 글은 A. G. Haudricourt, "La technologie culturelle, essai de méthodologie", Gille, *Historie des techniques*에 대한 개관이다.

회 체계와 자신을 동일시한다는 사실이다. 이때 사회 체계는 가능한 수행성의 극대화를 추구하는 하나의 총체로 이해된다. 과학의 화용법을 살펴보면 우리는 그 같은 동일시가 불가능하다는 사실을 알게 된다. 원칙적으로 어떤 과학자도 지식을 구현할 수는 없으며, '과학' 전체의 수행성에 보탬이 되지 않는다는 구실로 연구 계획의 '욕구', 즉 연구자의 열망을 무시할 수도 없다. 연구자가 어떤 요구에 대해 주는 응답은 대개 이렇다. "우리가 살펴볼 테니 당신 이야기를 해 보시오."[10] 원칙적으로 연구자는 하나의 사건이 닫혀 있다거나, 또는 다시 열릴 경우 '과학'의 힘이 손상될 것이라고 미리 판단하지 않는다. 실은 그 반대가 사실이기 때문이다.

물론 실제로는 항상 이런 식으로 일이 일어나지는 않는다. 수없이 많은 과학자들은 때로는 수십 년 동

---

10 Medawar는 과학자들이 글 쓰는 방식과 말하는 방식을 비교한다. 글 쓰는 방식은 귀납적이어야 한다. 그렇지 않으면 그 방식들은 중요한 것으로 간주되지 않을 것이다. 말하는 방식에 대해 메다위는 "나의 결과물들은 아직 (완전한) 하나의 이야기를 만들어 내지 못해."와 같은 실험실에서도 자주 들을 수 있는 표현들의 목록을 만든다. 그는 결론짓는다. "과학자들은 설명력 있는 구조를 만들어 내고 있다. 그들은 이야기를 하고 있는 것이다."

14 배리에 의한 정당화

안 자신들의 '수'가 무시되거나 억압되는 것을 보아 왔다.[11] 그것은 그 '수'가 대학 및 과학적 위계질서나 문제틀 내에서 이미 획득된 지위를 너무 급격히 불안정하게 만들기 때문이다. 강한 '수'를 두면 둘수록 최소한의 합의를 거부당할 가능성은 더 크다. 그것은 정확히 말해 합의가 기초해 있던 게임 규칙을 그 '수'가 바꾸어 놓기 때문이다. 그러나 지식 제도가 이렇게 기능하면 항상성의 원칙에 지배되는 일상적 권력 중심처럼 작용하는 것이 된다.

그런 행위는 루만이 설명한 체계의 행위처럼 테러리스트적이다. 내가 말하는 테러는 언어 게임에서 함께 게임을 하는 참가자를 제거하거나 제거하겠다고 위협함으로써 획득하는 효율성을 의미한다. 참가자는 자신의 수가 반박당했기 때문이 아니라 참가 능력이 위협당

11 유명한 예로는 Lewis S. Feuer, *Einstein and the Generations of Science*(New York: Basic Books, 1974)가 있다. Moscovici가 프랑스어 번역의 서론(Fr. trans., Alexandre, *Einstein et le conflit des générations*(Bruxelles' Complexe, 1979))에서 강조하고 있는 것처럼 "상대성(이론)은 학회라고도 할 수 없는 친구들의 모임 속에서 생겨났다. 그 친구들 중에는 물리학자라곤 없었고 모두가 공학자이거나 아마추어 철학자였다."

했기 때문에 침묵하거나 동의한다. 어떤 사람을 게임에서 배제시키는 방식은 여러 가지가 있다. 정책 결정자들의 오만은 원칙적으로 과학에서는 그 유사한 측면을 발견할 수 없다. 그것은 테러의 행사에 있다. 그들은 말한다. "당신의 열망을 우리의 목표에 맞게 조절하시오. 그렇지 않으면……."[12]

여러 가지 게임의 허용 여부도 수행성에 달려 있다. 생활 규범의 재정의는 체계의 권력 능력을 높이는 데 있다. 이 같은 사실은 특히 텔레마티크 기술의 도입에서 명백해진다. 기술 관료들은 텔레마티크에서 대화자들 간의 상호 작용이 자유롭고 풍요로워질 것이라는 약속을 본다. 그러나 이 과정이 그들에게 매력을 주는 것은 그것이 체계 내에 새로운 긴장을 가져오고 또 이 긴장

---

12 Orwell의 역설. 관리는 말한다. "우리는 마지못해 하는 순종에도, 가장 비열한 복종에도 만족하지 않는다. 네가 최종적으로 우리에게 항복했을 때 그것은 틀림없이 너 자신의 자유 의지에서 비롯된 것이다."(*1984*(New York: Harcourt, Brace, 1949), p. 258) 언어 게임에서 역설은 "너는 자유이다." 또는 "네가 원하는 것을 원하라."라는 등의 용어로 표현될 수 있을 것이다. 이것은 Watzlawick et al., *Pragmatics of Human Communication*, pp. 203~207에 분석되어 있다. 이런 역설에 대해서는 J. M. Salanskis, "Genéses 'actuelles' et genéses 'sérielles' de l' inconsistant et de l'hétérogeme", *Critique* 379(1978), pp. 1155~1173 참조.

들이 체계의 수행성 증대로 이어질 것이기 때문이다.[13]

　　과학이 변별적인 한, 과학의 화용법은 안정된 체계의 반대 모델을 제공한다. 하나의 진술은 이미 알려진 지식으로부터 차이를 갖는 순간, 그리고 그 진술을 지지하는 주장과 증거가 발견되는 순간 유지될 필요가 있다. 과학은 '열린 체계'의 모델이다.[14] 이 열린 체계 속에서 하나의 진술은 '아이디어를 창출할 때', 즉 다른 진술, 다른 게임 규칙을 창출할 때 타당성을 갖는다. 과학에는 다른 모든 언어를 옮겨 쓰고 평가할 수 있는 일반적 메타 언어가 없다. 이것이 과학과 체계의 동일시를 불가능하게 하는 것이며, 모든 것을 고려했을 때 결국 테러와도 동일시할 수 없게 하는 것이다. 과학 분야에 정책 결정자와 정책 수행자의 분화가 존재할지라도(그것은 실제로 존재한다.) 그것은 사회 경제적 체계의 문제이지 과학 자체의 화용법의 문제는 아니다. 이 사실은 지식의 창의

13　Nora와 Minc는 프랑스 사회에서 컴퓨터의 대중화가 불가피하게 발생시키는 긴장감을 묘사하고 있다(*L'informatisation de la Société*)를 보라.

14　13장의 주 18을 볼 것. Watzlawick et al, *Pragmatics of Human Communication*, pp. 117~148 참조. 열린 체계 이론이라는 개념은 J. M. Salanskis, *Le systématique ouvert*라는 책의 연구 주제이다.

력 발전에 주된 장애가 된다.

정당화의 일반적인 질문은 다음과 같게 된다. 과학 화용법의 반대 모델과 사회의 관계는 무엇인가? 반대 모델은 사회를 구성하는 광범한 언어 구름들에 적용할 수 있는가? 아니면 그것은 지식 게임에 국한되는가? 만약 그렇다면 그것이 사회적 유대와 관련하여 수행하는 기능은 무엇인가? 그것은 열린 사회라는 이룰 수 없는 이상인가? 그것은 자신들에게는 적용하지 않으면서 수행성 기준을 사회에 강제하는 정책 결정자들의 부분 집합에 필수 불가결한 구성 인자일 뿐인가? 아니면 반대로, 기금 부족으로 모든 연구 가능성의 제외라는 부수적 위험을 초래하게 될 당국자들과의 협조 거부, 즉 대항 문화를 지향하는 수인가?[15]

이 연구의 서두에서부터 나는 여러 가지 언어 게임들 간의 차이들, 형식적 차이뿐 아니라 화용적 차이들, 특히 그중에서도 지시적, 지식적 게임과 규범적, 행위적

---

15 Paul Feyerabend는 *Against Method*에서 교회와 국가의 분리는 같은 방식으로 과학과 국가의 분리라는 대가를 치른다고 주장한다. 그렇다면 과학과 돈의 분리는 어떤가?

게임 간의 차이를 강조해 왔다. 과학의 화용법은 지시적 발화에 집중되어 있다. 지시적 발화는 과학의 화용법이 연구소, 센터, 대학 등과 같은 지식 제도를 설립하는 기초가 된다. 그러나 과학 화용법의 포스트모던적 발전은 하나의 중요한 '사실'을 전면에 부각시킨다. 그것은 지시적 진술들의 토론마저도 규칙들을 가져야 한다는 사실이다. 규칙들은 지시적인 발화가 아니라 규범적 발화들이다. 혼동을 피하기 위해 우리는 이것을 메타 규범적 발화라고 부르는 것이 좋겠다. 그것들은 받아들여지기 위한 언어 게임의 수가 무엇이어야 하는지를 규정한다. 현대 과학 화용법이 갖는 변별적, 상상적, 배리적 활동들의 기능은 이들 메타 규범적 발화들(과학의 '전제들')[16]을 지적하고 게임 참여자들에게 다른 게임도 받아들일 것을 요청하는 일이다. 이 같은 요청을 허용 가능한 것으로 만드는 유일한 정당화는 그것이 아이디어, 다시 말해 새로운 진술들을 만들어 내게 될 것이라는 사실이다.

사회의 화용법은 과학 화용법이 갖는 '단순성'을

---

16 이것이 Ducrot의 문제틀에서 나온 이 용어를 이해하는 한 가지 방식이다.

갖지 않는다. 그것은 여러 가지 이형적 발화 범주들(지시적, 규범적, 수행적, 기술적, 평가적 발화 등)의 그물망이 서로 얽혀 만들어진 하나의 괴물이다. 이 모든 언어 게임에 공통되는 메타 규범적 발화를 결정할 수 있다고 생각하거나, 어떤 특정 순간의 과학 공동체에 작동하는 것과 같은 수정 가능한 합의가 사회 전체에 유통되는 진술의 총체를 규제하는 메타 규범 전체를 포괄할 수 있다고 생각할 이유는 없다. 사실대로 말하자면 현대의 정당화 서사 쇠퇴(그것이 전통적이든 '근대적', 즉 인류의 해방이나 이데아의 실현이든 관계없이)는 이 같은 신념을 버리는 것과 연결된다. 정당화의 쇠퇴는 '체계' 이데올로기가 총체성의 가면을 쓰고 보충하고자 애쓰고 또 그것이 수행성 기준에 대한 회의로써 표현하는 신념의 부재이다.

이 같은 이유 때문에 우리가 하버마스의 입장을 따르는 것은 가능하지도 신중하지도 않은 것 같다. 하버마스는 정당화 문제에 대한 우리의 대처를 보편적 합의의 추구 쪽으로 끌어가고 있다. 그에 따르면 보편적 합의[17]

---

17 Habermas, *Legitimationsprobleme* & *Raison et légitimité*의 여러 부분들을

14 배리에 의한 정당화

는 자신이 담론(Diskurs)이라고 부르는 것, 다시 말해 논증의 대화를 통해 달성된다고 주장한다.[18]

이것은 두 가지를 가정하는 것이다. 첫 번째 가정은, 모든 화자는 합의에 이를 수 있으며 그 합의에 기초한 규칙과 메타 규범들은 언어 게임에 보편적으로 타당성을 갖는다는 것이다. 언어 게임은 이형적이며, 이질적인 화용 규칙의 지배를 받는다는 사실이 명백한데도 말이다.

참조. "언어의 기능은 변환자가 지각을 명제로, 욕구와 감정을 규범적인 기대(명령이나 가치)로 바꾸는 것과 같다. 이러한 변환은 의도와 의지, 쾌락과 불쾌가 갖는 주관적 성격과 표현이나 규범들을 주장하는 보편성 사이에서 광범위한 구분들을 만들어 낸다. 보편성은 지식의 객관성과 지배적인 규범의 정당성을 의미한다. 그 둘은 생생한 사회적 경험이 구성하는 공동 사회를 보증하는 것이다." 이러한 방식으로 문제를 정립해 가면 정당성의 문제는 한 가지 형태의 대답만을 요구하게 된다. 그것은 보편성이다. 한편으로 이것은 지식의 주체를 정당화하는 것이 곧 행동의 주체를 정당화하는 것과 같다는 것을 전제하고 있다. 이것은 칸트의 비판과는 정반대이다. 칸트의 비판에서 지식의 주체는 개념적 보편성이며 행동의 주체는 이상적 보편성 또는 초월적 자연으로 서로 엄격히 분리되어 있는 것이 특징이다. 또 다른 한편으로 보편성은 사회적 합의만이 인류에게 가능한 유일한 지평이라고 주장한다.
18 위의 책, p. 20. 명백히 규범을 나타내 주는 메타 규범적인 것들(즉 법을 정상화하는 것)을 담론에 종속시키려는 경향이 있다. 예를 들어 p. 144 참조. "타당성에 관한 규범적 요구는 그것이 항상 합리적 토론 가운데서 받아들여질 수 있다는 점을 전제한다는 의미에서 그 자체로 인식론적이다."

두 번째 가정은 대화의 목표가 합의라는 것이다. 그러나 내가 과학 화용법의 분석에서 보여 준 것처럼 합의는 토론의 목표가 아니라 토론의 특정 상태에 불과하다. 반대로 대화의 목표는 배리이다. 이 두 가지 관찰(규칙의 이질성과 이견의 추구)은 아직도 하버마스의 작업 밑에 깔려 있는 하나의 신념을 파괴한다. 즉 집단적(보편적) 주체로서의 인류는 모든 언어 게임에서 허용되는 '수들'을 조절함으로써 인류 공동의 해방을 추구해야 하며 어떤 진술의 정당성은 인류 해방에 대해 그 진술이 기여하는 바에 있다고 하는 그의 믿음을 파괴한다.[19]

이 같은 믿음이 루만에 반대하는 하버마스의 논쟁에서 차지하는 기능은 어렵지 않게 알 수 있다. 담론은 안정된 체계 이론에 반대하는 그의 궁극적 장애물이다. 명분은 좋다. 그러나 그의 주장은 그렇지 않다.[20] 합의

---

19 Garbis Kortian은 *Métacritique*(Paris: Éditions de Minuit, 1979)(Eng. trans., John Raffan, *Metacritique: The Philosophical Argument of Jürgen Habermas*(Cambridge: Cambridge University Press, 1980)), 5부에서 하버마스의 계몽주의적 관점을 검토한다. 같은 저자의 "Le discours philosphique et son objet", *Critique* 384(1979), pp. 407~419 참조.

20 J. Poulain의 "Vers une pragmatique nucléaire"를 보라. Searle과 Gehlen의

는 낡고 의심스러운 가치가 되어 버렸다. 그러므로 우리는 합의와는 아무 관련이 없는 생각과 정의의 실천에 도달해야만 한다.

언어 게임의 이형적 성질을 인식하는 것은 이 같은 실천의 최초 단계이다. 이것은 명백히 테러의 포기를 의미한다. 테러는 언어 게임이 동형적이라고 가정하고 또 그렇게 만들려고 애쓴다. 두 번째 단계는 하나의 게임을 정의하는 규칙과 그 게임에서 둘 수 있는 '수들'에 대한 합의는 어떤 것이라도 '국지적이어야 한다'는 원칙, 다시 말해 합의는 현재 게임에 참여하고 있는 사람들 사이에서 이루어져야 하며 궁극적으로 철회될 수 있어야 한다는 원칙이다. 그러므로 이 방향은 무한한 수의 논증에 대한 메타 논증들을 선호한다. 내가 메타 논증이라고 한 것은 메타 규범에 관한 논증을 의미하며 시공간이 제한되어 있다.

이 같은 방향은 현재 사회적 상호 작용에서 일어나

화용론에 대한 좀 더 일반적인 논의는 J. Poulain, "Pragmatique de la parole et pragmatique de la vie", *Phizéro* 7, no. 1(Université de Montréal, September 1978), pp. 5~50 참조.

고 있는 전개 과정과 일치한다. 잠정적 계약은 실제로 정치 사안뿐 아니라 전문 직업과 감정적·성적·문화적 영역, 가족과 국제적 영역 등에서 항구적 제도들을 대체하고 있다. 이 같은 전개 과정은 물론 모호하다. 체계는 유동성이 크고 비용이 적게 들 뿐 아니라 그에 수반되는 동기의 창조적 혼란 때문에 잠정적 계약을 선호한다. 이 모든 요소들은 원활한 작동에 기여한다. 어쨌든 여기에서 체계를 대신하는 하나의 '순수'한 대안을 제시하는 것은 불가능하다. 이제 우리들 모두는 1970년대가 마감되어 가는 시점에서 그와 같은 종류의 대안을 시도하는 것은 결국 그것이 대체하고자 했던 바로 그 체계를 닮을 수밖에 없다는 사실을 알고 있다. 우리는 잠정적 계약을 지향하는 경향이 모호한 쪽으로 가고 있다는 사실에 기뻐해야 한다. 그것은 체계의 목표에 전적으로 복속되지도 않지만, 그럼에도 불구하고 체계는 그것을 허용하기 때문이다. 이것은 체계 내에 또 다른 목표가 있음을 입증한다. 그것은 언어 게임 그 자체를 알고 그것의 규칙과 효과에 대한 책임을 떠맡을 결심을 하는 것이다. 이 목표의 가장 큰 효과가 바로 규칙의 채택을

14 배리에 의한 정당화

타당하게 하는 것, 즉 배리의 추구이다.

이제 우리는 마침내 사회의 컴퓨터화가 이 문제틀에 어떻게 영향을 미치는지 이해할 수 있는 지점에 서 있다. 사회의 컴퓨터화는 시장 체계를 통제하고 규제하는 '꿈(rêve)'의 장치가 될 수도 있다. 그것은 지식 그 자체까지도 포함하며 전적으로 수행성 원칙에 지배될 수도 있다. 그럴 경우 그것은 불가피하게 테러의 사용을 포함할 것이다. 반대로 사회의 컴퓨터화가 현명한 결정을 내릴 때 흔히 부족할 수 있는 정보를 제공함으로써 인간 집단이 메타 규범을 논의하는 데 도움을 줄 수도 있다. 사회의 컴퓨터화가 이 두 번째 방향을 취할 수 있도록 우리가 택해야 할 노선은 원칙적으로 아주 단순하다. 대중에게 메모리 뱅크와 데이터 뱅크에 접근할 수 있는 자유를 주는 것이다.[21] 그러면 언어 게임은 어떤

---

21 Tricot et al., *Informatique et libertés*, government report(La Documentation française, 1975); L. Joinet, "Les 'pièges liberaticides' de l'informatique", *Le Monde diplomatique* 300(March 1979). 이러한 함정은 "'사회적 윤곽'을 그려 내는 기법을 대중들을 관리하는 데 적용할 때 발생한다. 사회가 자동화되면 안정화의 논리가 생겨난다." *Interférences* 1권과 2권(Winter 1974~Spring 1975)에 나온 기록과 분석도 참조. 이 글의 주제는 멀티미디어를 통한 의사 전

주어진 순간에 완벽한 정보 게임이 될 것이다. 그러나 동시에 사회의 컴퓨터화가 제로섬 게임이 아닐 수도 있다. 이 같은 사실 때문에 판돈을 다 소진했다는 이유로 토론이 미니맥스 형평(équilibre minimax)의 위치에 고착되는 위험을 감수할 필요도 결코 없을 것이다. 왜냐하면 판돈은 지식(아니면 정보라고 해도 좋겠다.)이고 지식의 보유량인 언어의 가능한 발화는 무진장이기 때문이다. 이것은 정의에 대한 욕망과 미지의 것에 대한 욕망을 모두 존중하는 정치학의 윤곽을 제시해 준다.

달이 널리 보급될 수 있는 통로를 확립하려는 데 있다. 여기에서는 아마추어 무선 통신자들,(특히 1970년 10월 FLQ 사건 동안 퀘벡에서 보여 준 그들의 역할과 1972년 5월 "Front commun"에서의 그들의 활동도 주목해야 한다.) 미국과 캐나다의 무선 통신계, 출판계의 편집 작업에 미친 컴퓨터의 영향, (이탈리아에서 발전되기 이전에) 인가받지 않은 무선 통신 연구, 행정 서류, IBM의 독점, 컴퓨터를 이용한 태업 등과 같은 문제들이 다루어지고 있다. 스위스 Yverdon 시의회는 1981년도 회기 동안 컴퓨터를 구입하기로 결정하고 몇 가지 규칙들을 시행했다. 어떤 자료가 수집되고 어떤 조건 아래에서 누구에게 전달되는가는 전적으로 시의회가 결정한다. 시민들은 유료로 모든 자료를 열람할 수 있다. 모든 시민들은 자신의 파일에 들어 있는 약 50개의 항목들을 볼 수 있고 그 항목들을 수정할 수 있으며 거기에서 생겨나는 불만을 시의회나 주의회에 제시할 수 있다. 자신들에 관한 자료 중 어떤 것이 전달되며 또 누구에게 전달되는가를 알 권리가 누구에게나 있는 것이다.

옮긴이 유정완

경희대학교 영어영문학과와 동 대학원에서 학사 학위와 석사 학위를 마쳤으며,
뉴욕시립대학교 대학원에서 「포스트임피리얼 서사: 폴 오스터, 돈 들릴로,
팀 오브라이언」으로 박사 학위를 취득했다. 현재 경희대학교 영어영문학과에서
현대 미국 문학 및 미국 문화를 강의하고 있다. 경희대학교 후마니타스칼리지 학장과
한국미국소설학회 회장을 역임했다.
역서로 『마오 II』와 『세계 정치와 문명: 동서양을 넘어서』 등이 있다.
현재 「제퍼슨의 독립선언과 아메리카 제국의 시원」을 주제로 공부하고 있다.

포스트모던의 조건

1판 1쇄 펴냄 1999년 12월 15일
2판 1쇄 펴냄 2018년 9월 14일
2판 5쇄 펴냄 2024년 1월 25일

지은이 장프랑수아 리오타르
옮긴이 유정완
발행인 박근섭·박상준
펴낸곳 (주)민음사

출판등록 1966. 5. 19. (제16-490호)
주소 서울시 강남구 도산대로1길 62
    강남출판문화센터 5층 (06027)
대표전화 02-515-2000 팩시밀리 02-515-2007
www.minumsa.com